어떻게
돈 걱정 없이
살 것인가

어떻게 돈 걱정 없이 살 것인가

동양증권 애널리스트
조병준 · 김후정 지음

한국경제신문

돈 걱정 없는
행복한
인생을 위하여

최근 우리나라에서는 허니문 푸어, 베이비 푸어, 하우스 푸어, 실버 푸어 등 일명 '푸어족'이 사회의 새로운 키워드로 떠오르고 있다. 팍팍하고 고단한 삶이 푸어족이란 말로 대변되고 있는 것이다. 실제 조사 결과에 따르면, 결혼 준비에만 수천만 원에서 억대의 자금이 필요하고, 한 자녀를 대학까지 가르치는 데 평균적으로 2억 6천만 원의 돈이 필요하다고 한다. 수도권에서 아파트 한 채를 장만하는 데는 3억 6천만 원이 필요한 것으로 조사되었고, 1970년에는 60대 초반이었던 평균 수명이 80세를 넘어섰지만, 은퇴는 점차 빨라지는 추세이다. 45세의 직장인이 60세 이후 25년간의 은퇴생활로 10억 원 정도의 자금이 소요된다고 하니, 결코 만만한 과정이 아니다. 준비 없이 맞이할 경우 당연히 푸어족이 될 수밖에 없는 상황이다. '저출산-고령화'로 대표되는 인구 구조의 변화와 2010년 이후 본격화된 베이비부머의 은퇴, 부동산 폭락, 마이너스 실질금리 등 날이 갈수록 달라지는 시대적인 상황은 우리의 삶을 자꾸만 벼랑 끝으로 내몰고 있다.

너무나 안타까운 것은 상황이 이렇게 변했는데도 불구하고, 아직까지 너무 많은 사람들이 몇 억 만들기 식의 재테크 전략을 버리지 못한다는 것이다. 이미 저금리-저성장 시대에 들어선 상황에서도 고금리-고성장 시대에 통했던 방법을 그대로 적용하려고 한다.

우리가 돈 걱정 없이 살려면, 달라진 변화를 읽고 예전에 통했던 모든 재테크 전략을 과감히 수정해야 한다. 이제는 절대적인 돈의 규모보다 돈이 필요한 시기에 적절히 공급되는 것이 더욱 중요한 때이다. 왕성하게 경제활동을 하는 30~40대의 천만 원과 60대 은퇴자의 천만 원은 절대적인 규모를 떠나 확연하게 다른 의미를 지닐 수밖에 없다. 결국 지금 우리가 돈 걱정 없이 살기 위해서는 인생 전반에 걸친 생애자산관리가 필요한 시점이다.

그래서 이 책은 독자 여러분이 현재 직면하고 있는 사회·경제적 환경 중 자산관리 측면에서 놓쳐서는 안 될 요소들을 점검하고 있다. 이를 통해 시대적 환경이 얼마나 달라졌는지를 깨닫고, 어떻게 해야 적절히 대처할 수 있는지 총체적인 밑그림을 그릴 수 있도록 했다. 또한 각 연령대의 독자가 경험하였거나 향후 직면하게 될 결혼, 자녀교육, 내집마련, 은퇴준비 등 인생의 주요 이벤트들을 목적자금의 관점에서 살펴보면서, 어떻게 필요한 자금을 효과적으로 준비할 수 있는지 점검해볼 수 있도록 했다.

이를 보다 구체적으로 돕기 위하여 3장에서는 목적자금 마련을 위해 필요한 주식형 펀드, ELS, 퇴직연금, 주식형 채권, 개인연금 등 구체적인 투자상품의 특징과 장단점 등을 서술하였다. 또한 4장에서는 연령대별로 다양한 사례를 제시해, 독자 여러분들이 본인의 상황에 맞춰 자산관리를 시작할 수 있도록 하였다.

같은 조건에서 시작을 해도, 몇 십 년 후에 부자로 사는 사람이 있는가 하면, 곤궁한 삶을 벗어나지 못하는 사람도 있다. 이는 하늘의 탓이나 운이 좋고 나쁨의 문제가 아니다. 큰 부자는 하늘이 내고 작은 부자는 사람이 낸다는 말이 있다. 효과적으로 수입 지출을 관리하고 적극적으로 경제상황이나 금융상품에 대한 지식 습득을 게을리 하지 않는다면, 큰 부자는 아니어도 적어도 돈 걱정 없이 편안한 삶을 사는 데 충분하다.

이 책 한 권으로 독자 여러분의 모든 궁금증을 해결해줄 수는 없겠지만, 여러분의 5년, 10년 후 또는 은퇴 이후의 삶을 계획하고 준비하는 데 좋은 밑거름이 되기를 바란다. 그러나 더욱 중요한 것은 계획을 세우는 것보다 실천에 옮기는 것이다. 80세를 넘어 100세 시대를 살아가는 우리의 인생 전반을 대비하기 위해서는 지금 당장 전 생애에 걸친 행복 자산관리를 시작해야 한다.

이 책이 세상에 나오기까지 많은 분들의 도움이 함께 했다. 책 출간을 적극 지원해주신 동양증권 유준열 사장님과 필자의 머릿속에 흩어진 생각들을 한곳에 모을 수 있도록 아이디어를 주신 서명석 상무님,

직접 원고를 읽어보시고 알토란 같은 지적을 해주신 신남석 리서치센터장님께 큰 감사를 드린다. 책의 구성과 내용에 대해 오랜 시간 함께했으나 사정상 끝까지 함께하지 못한 백지애 연구원과 사내 선배 및 동료들의 도움과 격려가 큰 힘이 되었다. 명절까지 반납하면서 책의 완성도를 높이기 위해 수고해주신 한경BP 편집부 분들에게도 깊은 감사의 마음을 전한다.

마지막으로 독자의 입장에서 필자가 생각하지 못한 많은 조언을 해준 조병준 필자의 아내 현정과 두 아들 윤형과 민형, 김후정 필자에게 항상 큰 힘이 되어준 외할머니, 부모님과 동생 성훈, 성주에게 끝없는 사랑과 고마움을 전한다.

조병준, 김후정

머리말 돈 걱정 없는 행복한 인생을 위하여 __ 004

CHAPTER 1

왜 이렇게 돈 모으기 힘든 것일까?

01 돈에 대한 오해 ① 돈이 있어야 돈 관리를 한다 • 012

02 돈에 대한 오해 ② 투자는 위험하다 • 017

03 돈에 대한 오해 ③ 근면하고 성실하면 된다 • 021

04 돈 모으기 힘든 이유 ① 저금리 시대 • 026

05 돈 모으기 힘든 이유 ② 호모 헌드레드 시대 • 035

06 돈 모으기 힘든 이유 ③ 스스로 준비해야 하는 시대 • 041

07 돈 모으기 힘든 이유 ④ 복잡다양성의 시대 • 045

08 돈 걱정 없는 인생 플랜을 세워라 • 048

CHAPTER 2

목적자금을 모으고 쓰는 것이 인생이다

01 푸어의 시대를 헤쳐나갈 무기는? • 060

02 행복한 인생은 목적자금에 달려 있다 • 063

03 결혼, 그 첫 단추가 중요하다 • 069

04 주택마련, 길게 보고 융통성 있게 • 076

05 자녀양육비, 최적점을 찾자 • 085

06 노후준비, 기초가 튼튼한 3층 피라미드를 짓자 • 094

07 빈곤은 생각보다 가까이에 숨어있다 • 110

08 여유자금, 나를 알고 상품을 고르자 • 115

CHAPTER 3
금융상품을 알아야 돈이 모인다

01 금융상품에 투자하기 전에 챙겨야 할 것들 • 120

02 다양하게 활용하는 주식형 펀드 • 122

03 부자들이 좋아하는 ELS • 136

04 알고 보면 보물이 숨어있는 주식형 채권 • 145

05 안정성이 중요할 땐 예적금과 채권형 펀드 • 152

06 직장인의 필수품, 퇴직연금 • 157

07 노후준비의 필수품, 개인연금 • 161

08 노후 생활비 마련에 적절한 금융상품들 • 166

09 최근 관심 받는 금융상품들 • 177

10 보험 가입 전에 챙겨야 할 것들 • 185

11 주택청약저축과 주택 관련 대출상품 • 188

CHAPTER 4
내 나이에 딱 맞는 돈 모으기 전략을 세워라

01 20대: 인생계획을 세우고 지출을 관리하라 • 194

02 30대: 현실을 직시하고 50년을 준비하자 • 206

03 40대: 자녀교육과 노후준비를 동등하게 하라 • 219

04 50대: 100세 시대, 제2의 월급을 준비하라 • 233

05 60대: 연금형 상품으로 매월 유동성을 확보하라 • 243

● 한눈에 보는 연령대별 키워드와 중점 금융상품 __ 251

● 나의 투자 성향 파악하기 __ 252

왜 이렇게 돈 모으기 힘든 것일까?

최근 폭락세의 국내 부동산 경기는 점점 더 미궁으로 빠져들고 있으며, 널뛰듯 요동 치는 주식시장은 보기만 해도 불안하다. 해외로 눈을 돌려 보면 미국 경제가 여전히 침체에서 벗어나지 못하고 있으며, 설상가상으로 유로존의 위기감이 점점 더해지면서 해외 펀드도 짙은 먹구름 속에 싸여 있다. 물가상승률에도 못 미치는 저금리 시대를 맞아 이제는 은행만 믿고 있을 수도 없고, 그렇다고 마땅한 투자처도 보이지 않는다. 수명은 점점 늘어나는데 조기 명퇴의 칼바람은 매섭기만 하다.

주변 상황이 이렇게 숨 막히듯 돌아가는데도, 대부분의 사람들은 특별한 대비책이 없 다. 그저 막연히 어떻게든 될 거라고 믿으며, 당장의 돈 걱정에만 눈을 돌린다. 하지 만 생각해보자. 이 책을 읽고 있는 당신은 앞으로도 목돈 들어갈 일이 너무나 많다. 집도 장만해야 하고, 자녀교육도 시켜야 하고, 결혼도 시켜야 하고, 사랑하는 배우자 와 자신을 위한 노후준비도 해야 한다. 쥐꼬리만한 국민연금만으로는 턱도 없고, 가만 히 앉아있다가는 힘든 노후를 맞이할 수밖에 없다. 아니 그 전에 중산층에서 최하층 으로 전락할지도 모른다.

그렇다면 우리는 앞으로의 삶을 어떻게 준비해야 할까? 돈 들어갈 곳은 끝이 없는데, 도대체 어떻게 해야 돈을 모을 수 있을까?

돈에 대한 오해 ❶

돈이 있어야 돈 관리를 한다

지인들과 대화를 나누다 보면 으레 세상살이에 대한 이야기를 하게 되는데, 그 세상살이 이야기라는 것이 결국에는 돈에 관한 이야기로 귀결되곤 한다. 직장인들의 경우, 월급은 조금 오르는데 자녀들이 크면서 교육비는 점점 많이 들어가고, 이것저것 떼면 남는 돈은 적고, 큰 돈이 아니다 보니 어떻게 굴려야 할지도 잘 모르겠다고 하소연하곤 한다. 또 어떤 이는 생활비를 제외하면 사실상 남는 돈이 거의 없거나 오히려 마이너스 상태가 된다면서 돈 관리는 돈에 여유가 있는 사람이나 하는 것이라고 말한다.

아마도 많은 독자들이 이런 이야기에 공감할 것이다. 하지만 정말로 돈 관리는 돈이 남아돌고 경제적으로 여유 있는 부자만 하는 것이고, 항상 쪼들리는 우리 일반 서민들에게는 별 의미가 없는 것일까?

결론부터 말하자면 결코 그렇지 않다. 돈 관리, 즉 다시 말해 자산관리는 누구는 하고 누구는 할 필요가 없는 일이 아니다. 자산관리는 모두 다 해야 하는 것이다. 다만 돈이 많으면 많은 대로 하고, 적으면 적은 대로 거기에 맞춰서 하면 되는 것이다.

필자의 친구 C(40대 중반 회사원)의 경우 실수령액 기준으로 월급여가 500만 원 정도 된다. 하지만 그는 생활비, 자녀교육비, 부모님 용돈, 경조사비 등 나가야 할 곳이 많다 보니 도대체 돈이 모이지 않는다고 했다. 다음은 최근 필자와 나눈 대화의 일부다.

필자 월급여가 480만 원이라면 어떻게 생활할 거냐?

친구 C 그럼 거기에 맞춰 살겠지, 조금 더 긴축하면서.

필자 그럼 너의 급여가 480만 원이라고 생각하고, 매월 월급날 20만 원이 적립식 펀드로 자동이체가 되도록 해봐.

친구 C 매월 20만 원이 모여 봐야 얼마나 되겠어?

필자 10년 후에 4,000~5,000만 원쯤 되어 있을 걸.

친구 C 뭐? 4,000~5,000만 원이나 된다고?

필자 내가 우리나라 종합주가지수를 대상으로 시뮬레이션을 해본 결과야. 우리나라 기업들이 글로벌 경쟁력을 가지고 있고, 우리 경제가 지속적으로 성장을 하고 있기 때문에 기업들의 수익증가와 더불어 주가도 오르지 않겠어? 물론 경기의 순환에 따라 주가 지수도 오르고 내림을 반복하겠지만 적립식 투자라 크게 걱정하지 않아도 돼. 네가 현재의 급여 500만 원이 아니라 450만 원이라고 해봐. 너도 아는 K는 결혼한 2000년 초부터 10년간 50만 원씩 적립식으로 투자해서 1억 원 넘게 모았는데, 그 자금을 2년 정도 ELS(주가연계증권)와 채권에 투자해서 1억 2,000만 원 정도 만들어서 아파트 구입하는 데 요긴하게 활용했단 말이야.

이 대화에서도 알 수 있듯이, 자산관리에 있어서 액수가 중요한 것은 아니다. 핵심은 포기하지 않고 지속적으로 하는 것이다. '복리의 마법'이든 '72의 법칙'이든 모두 짧은 시간에 큰 성과를 기대할 수 있는 것이 아니기 때문이다. 최소한의 생활비조차 맞추기 어려울 정도라면 생활비 마련이 최우선이겠지만, 과연 현재의 지출이 적정하게 이루어지고 있는지 살펴볼 일이다.

그런 면에서 유대인의 돈 관리 개념은 배울 점이 많다. 돈, 경제, 금융을 이야기할 때 유대인을 빼놓을 수는 없을 것이다. 《화폐전쟁》이라는 책에서 언급된 로스차일드 가문(House of Rothschild)과 골드만삭스(Goldman Sachs), J.P.모건(J.P. Morgan), 모건스탠리(Morgan Stanley) 등과 같은 세계적으로 유명한 금융기관들 대부분이 유대인에 의해 설립되었으니 정말 대단한 민족이 아닐 수 없다. 그런 유대인들에게는 《탈무드(Talmud)》라는 유대인들의 전통적 습관과 문화, 율법 등이 담긴 정신적 지주와도 같은 책이 있다. 탈무드에는 자산관리에 관한 지혜도 담겨 있는데, 그 중 대표적인 몇 가지를 소개하면 다음과 같다.

* 모든 이로 하여금 자신의 돈을 세 부분으로 나누게 하되, 1/3은 토지에, 1/3은 사업에 투자하게 하고, 나머지 1/3은 예비로 남겨두게 하라 : 분산투자

(자산배분) 강조

- 버는 자보다는 모으는 자가 이긴다 : 지출관리 강조
- 돈이 돈을 낳는다 : 잉여자금 관리의 중요성 강조

돈 관리에 관한 유대인의 이러한 지혜는 실생활에서도 여실히 드러난다. 대부분의 유대인은 자녀가 태어남과 동시에 통장부터 만들고 매월 일정액을 납부하는데, 특별한 이벤트가 있을 때는 추가적으로 납부한다고 한다.

예를 들어 대학을 졸업하는 25세까지 우리나라 기준으로 매월 10만 원씩을 납부한다면, 원금만 3,000만 원이 된다. 세금 공제 후 수익률 7%라고 가정하면 대학 졸업 시점에 약 1억 원의 자금을 가지고 사회로 나오게 된다. 1억 원을 가지고 사회생활을 시작하는 사람과 아무것도 없이 시작하는 사람, 그리고 학자금 대출 등으로 부채를 안고 시작하는 사람들 중 10년 후 누가 더 부자가 될 확률이 높을까? 결과는 불을 보듯 뻔한 일이다. 부자이기 때문에 자산관리를 하는 것이 아니라 자산관리를 했기 때문에 부자가 될 확률이 높은 것이다. 영어 속담 중에 "Not every man is born with a silver spoon in his mouth."라는 표현이 있다. 직역하면 "은수저를 입에 물고 태어난 사람은 없다."라는 말이 되겠는데, 만일 유대인처럼 매월 일정액을 모아서 자녀에게 준다면 그 자녀는 '은수저를 입에 물고 태어난 사람'이 될 것이다.

은퇴 후 노후자금에 고민이 많은 사람들도 마찬가지다. 현재 45세인 사람이 15년 후에 은퇴하여 85세까지 25년간 노후를 보낸다고 할 때 배우자를 포함한 2명의 월 생활비를 200만 원으로 가정할 경우, 60

세 시점에 필요한 은퇴자금은 약 9억 원이다. 여러분은 얼마의 자금이 준비되어 있는가? 자산관리는 부자들의 영역이라고 언제까지 스스로를 합리화할 것인가? 돈 없는 노후가 결코 죄는 아니다. 그러나 충분히 상상할 수 있을 만큼 비참할 것이고 고통스러운 시간이 될 수 있다. 또한 자녀들에게도 무거운 짐을 지게 할 가능성이 높다.

자산관리를 제대로 하지 않는 부자는 없다. 준비하지 않는 부자는 자산을 지키기 어려울 것이고, 지키지 못하면 결국 잃고 만다. 현재는 많이 부족할지라도 준비하게 되면 이룰 것이고 이루면 쉽게 잃지 않을 것이다.

돈에 대한 오해 ❷
투자는 위험하다

"저축에서 투자로 패러다임이 바뀌었다고 말씀하시는 데 투자에는 결국 위험이 따르는 것 아닌가요?"

상담을 하다 보면 종종 듣는 질문이다. 맞는 말이다. 투자에는 당연히 위험이 수반된다. 원금손실 가능성이 거의 없는 국채를 매수하거나 시중은행에 예금을 한다면 원금손실이 발생할 가능성이 매우 낮을 것이다. 그러나 3년 만기 국채와 1년 만기 은행 정기예금 금리는 4%를 넘지 못하고 있고, 물가상승률을 감안하면 자산의 실질가치는 크게 증가하지 못하거나 오히려 축소되기도 한다. 명목적으로는 돈의 규모가 증가하더라도 실질적으로 원금손실(돈의 가치 하락)이 발생하는 것이고, 이는 자산을 관리하는 것이 아니라 자산을 방치하는 것이라고 할 수 있다.

의외로 적지 않은 분들이 소득 중 지출을 제외한 자금이나 여유자금을 은행의 보통예금이나 CMA(종합자산관리계좌) 통장에 넣어두고 있다. 심지어는 적게는 수천만 원부터 수십억 원에 이르는 돈을 장기간 CMA 통장에 넣어두는 경우도 보았다. 대부분이 위험을 극도로 싫어하거나 과거에 투자에 크게 실패하여 좋지 않은 기억이 있기 때문이다. 그러나 약 1억 원의 자금을 수시입출금 통장에 넣어두었을 경우 얻을 수 있는 금리는 3% 초반을 넘지 못한다. 2011년 물가상승률이 4%를 넘고 있기 때문에 돈의 가치는 실제로 축소된 것이고 투자자산에서 기대할 수 있는 약 7~10%의 수익률과 비교할 때 연간 400만~700만 원의 기회비용이 발생한다. 1년을 놓고 볼 때는 작은 차이일지 몰라도 기간이 길어질수록 그 차이는 눈덩이처럼 불어나게 된다.

1억 원의 투자자금이 물가상승률에 불과한 수익률로 10년간 투자가 이루어질 경우 10년 후 돈의 가치는 초기의 투자원금 1억 원의 가치와 동일하지만, 10년간 물가상승률을 3% 정도 상회하는 투자수익률을 얻을 경우 10년 후 돈의 가치는 34% 증가하게 되는 것이다.

그리고 위험이라고 해서 모두가 나쁜 것은 아니다. 우리가 실생활에서 매일 사용하는 불과 칼 또한 위험한 물건이지만 활용하기에 따라서 그 효용은 너무도 크다. 중요한 사실은 위험에는 나쁜 측면만 있는 것이 아니라 동전의 양면과도 같이 긍정적인 면이 공존한다는 것이다.

흔히 금융시장에서 말하는 위험은 투자자금이 초기 투자시점의 기대대로 불어나지 않는 변동성을 말한다. 변동성이 크다(위험이 크다)는

투자기간별 · 자산별 수익률 비교 (단위: %)

구 분	투자기간 1년		투자기간 5년		투자기간 10년		투자기간 20년	
	대형주	국채	대형주	국채	대형주	국채	대형주	국채
최고	162.9	15.2	36.1	11.1	21.4	9.2	17.7	7.7
중앙	13.6	3.3	11.3	3.0	11.1	3.1	11.6	3.3
최저	−67.6	−0.0	−17.4	−0.1	−4.9	0.1	1.9	0.4

자료: Gibson Capital Management, 미국 대형주와 재무성 단기국채의 연복리 수익률(1926~1998)

의미는 자산 가격이 오르고 내리는 폭이 크다는 의미로 해석된다. 그만큼 단기간일 경우에 투자자산의 가격변동성은 높다. 그러나 투자기간이 길어질수록 투자자산의 변동성은 낮아지고 변동성의 긍정적인 면인 수익성이 높아지게 된다.

우리나라의 주식시장(종합주가지수기준)을 대상으로 10년간의 지수를 분석한 결과에서도 주식시장의 수익률이 10%를 상회하는 것으로 산출되었다. 상기 표의 미국 주식시장을 분석한 자료에 따르면 수익률의 중간값이 11% 정도로, 장기간에 걸쳐 투자할 경우 변동성이 수익성으로 변환되는 것을 확인할 수 있었다.

결국 투자는 위험하다는 생각은, 단기적인 관점에서 수익의 변동성이 크다는 의미로써는 일리가 있지만, 장기적 관점에서는 전혀 맞지 않는 말이다. 투자가 위험하다는 생각은 투자(投資)와 투기(投機)에 대한 개념의 혼동에서 비롯된 것이라고 본다. 투자와 투기는 우리에게 무척 익숙한 단어임에도 불구하고 개념적으로 구분하기는 쉽지 않다. '내가 하면 투자요, 남이 하면 투기' 라는 말이나, '내가 하면 로맨스요, 남이 하면 불륜' 이라는 말처럼, 투자와 투기의 차이는 같은 것을 바라보는 시각의 차이에 따라 그 경계가 아슬아슬하다.

그러나 분명 투자와 투기는 다르다. 투자는 투자자 본인이 감당할 수 있는 범위 내에서 위험을 감수하는 대가로 장래에 합리적인 수준의 적정수익을 기대하는 것이다. 투자기간의 길이 또는 감수하는 위험의 정도에 따라 짧은 투자기간일 경우(또는 위험의 크기가 낮은 경우)에는 낮은 수익률을, 투자기간이 길 경우(또는 감수하는 위험의 크기가 높은 경우)에는 상대적으로 높은 수익률을 기대하게 된다. 반면, 투기는 합리적인 기대 없이 요행을 바라고 투자하는 행위로 단기간 내에 위험 대비 과도한 수익을 기대하는 것이다. 투자와 투기는 1.01과 0.99의 차이로 구분 지을 수 있다. 1.01은 지속될 경우 시간과 함께 커지지만, 투기는 시간의 흐름과 더불어 결국에는 '0(제로)'에 수렴하게 된다.

금세기 최고의 투자대가로 평가받는 워런 버핏(Warren Buffett)은 투자와 투기에 대해 다음과 같이 정의했다.

"투자란 주식 조각을 사는 것이 아니라 기업의 일부를 사서 그 기업이 성장하는 과정을 지켜보는 행위이다. 반면 투기란 단기적 주가 향방에 목을 매고 주사위를 던지는 행위이다. 투자는 투자자를 부자로 만들어주지만 투기는 주사위를 굴리는 펀드 매니저를 부자로 만들어준다."

근면하고 성실하면 된다

학창 시절 B라는 친구가 있었다. 그 친구는 누구도 따라갈 수 없을 만큼 성실하였고, 공부도 열심히 했다. 그런데 열심히 공부하는 것에 비해 시험 성적은 그리 좋지 못했고, 특히 수학은 중하위권을 벗어나지 못했다. 어느 날 중간고사를 마치고 그 친구와 대화를 나눴다.

필자 시험 잘 봤니?

친구 B 함수하고 미적분은 그런 대로 봤는데, 확률 부분을 완전히 망쳤어.

필자 그래? 확률 부분 문제는 상대적으로 쉬웠는데…….

친구 B 책을 보다가 어려워서 처음부터 다시 봤더니 확률 부분은 볼 시간이 없었어.

공부를 할 때에도 나름의 방법과 계획이 필요하다. 필자의 친구 B 는 열심히 공부를 하였음에도 불구하고 공부 방법에 문제가 있었다. 특히 수학을 공부하다가 문제가 풀리지 않고 벽에 부딪히면 바로 책을 덮고 다른 과목을 공부하였다. 그렇게 한동안 시간을 보내다가 다시 수학을 공부할 때는 책의 첫 장부터 다시 시작하곤 하였다. 그러다 보니 항상 수학책의 앞부분만 공부하게 되고 뒷부분에 대한 공부는 상대적으로 소홀할 수밖에 없었다.

물론 그 친구처럼 성실하게 많은 시간을 공부하는 것도 중요하지만, 상대적으로 약한 부분을 보완할 수 있도록 시간 배분을 하고, 여러 과목에 대한 안배와 최종시험까지의 계획을 세우는 것이 가장 중요하다. 그런데 그 친구는 가장 기본적인 과정을 거치지 않았던 것이다.

우리가 돈을 관리하는 것도 같은 맥락에서 볼 수 있다. 근면하고 성실한 생활로 아껴 쓰고 돈을 모으는 것도 중요하지만, 왜 돈을 모아야 하고, 얼마나 모아야 하며, 어떤 용도로 활용할 것인지를 생각해 봐야 한다. 즉, 우리가 돈을 모으기 위해서는 자신의 삶 전반에 걸쳐 어떤 준비가 필요한 지에 대한 인생설계를 바탕으로 해야 한다.

'요람에서 무덤까지' 라는 말이 있다. 제2차 세계대전 이후 영국 노동당이 사회보장제도의 완벽한 실시를 주장하며 내세운 슬로건으로 출생에서 사망에 이르기까지 모든 국민의 최저생활을 국가가 완벽하게 보장함으로써 국민생활의 불안을 해소하겠다는 의미를 담고 있다. 이러한 이상적인 사회보장제도가 완벽하게 실현될 수만 있다면 얼마나 좋겠는가! 그러나 현실에서는 말 그대로 이상일 뿐이다.

물론 국가 또는 정부 차원에서 국민의 최저생활을 보장하기 위해 노력은 하겠지만 일반인들이 원하는 수준의 삶을 살아가기에는 턱없이 부족할 수밖에 없다. 그래서 사람들은 저축이나 투자를 통해 좀 더 여유로운 미래의 삶을 기대하고, 부자가 되고 싶어 하는 것이다.

부자가 되거나 풍요로운 삶을 사는 것이 우리 모두의 소망임에도 불구하고, 많은 사람들이 돈 걱정에 시달리고 있고, 어떻게 돈을 관리해야 하는지 방향을 잡지 못하고 있다. 이렇게 현재를 살아가는 평범한 사람들에게 삶의 목적과 수준에 맞는 돈 관리 방법이 자산관리라고 할 수 있다. 즉, 현재의 지출과 수입을 관리하여 미래의 소득을 확보하는 것이다.

우선 지출관리에 대해 생각해보자. 자산관리에 대한 이야기를 하다 보면 지출을 관리해야 한다는 말을 많이 하게 된다. 하지만 이는 무조건적으로 지출을 축소하는 것을 의미하는 것이 아니다. 의지와 실천으로 생활습관을 변화시켜서 '변동성 지출'을 최소화하는 것이 지출관리의 핵심이라고 할 수 있다.

'변동성 지출'에 대한 사례는 우리 주변에서 흔히 볼 수 있다. 이를테면 충동적인 헤어스타일 변신 욕구가 좋은 예다. 이는 남성보다 여성의 경우가 좀 더 흔한데, 단발머리를 기준으로 염색은 8만 원이 들고, 영양추가 등을 할 경우 10만 원 이상의 비용이 들어간다. 게다가 2~3개월 후에는 약 5만 원 하는 뿌리 염색을 해야 한다. 세팅 파마나 스트레이트 파마의 경우에는 15만 원은 기본이고 심하면 30만 원 가까이 들기도 한다.

값비싼 등산복도 '변동성 지출'의 좋은 예다. 요즘은 등산복 한 벌에 수십만 원은 기본이고 100만 원이 넘는 것도 있다. 편한 착용감에 세련된 디자인도 좋다지만, 남의 눈을 의식한 과시성 구매보다는 실용성을 고려한 소비지출이 필요하다.

자동차는 어느 정도 경제력을 갖춘 남성의 충동구매 1위를 차지하는 물건이다. 자동차는 소모성 자산이다. 개인별 취향까지 무시해서는 안 되겠지만, 본인의 경제력을 감안하여 자동차를 구매한다면 상당한 규모의 자금을 아낄 수 있다.

주로 40대 이상의 연령대, 특히 50~60대의 '변동성 지출'에서 큰 비중을 차지하는 것으로는 건강보조식품과 의료보조기구가 있다. 몸에 좋다는 광고 문구에 현혹되어 값비싼 건강보조식품을 구매한 후 후회한 적이 누구나 한두 번씩은 있을 것이다. 그런데 구매하기 전에 의사나 한의사, 약사 등 전문가의 의견을 듣고 구매한다면 훨씬 나은 선택을 할 수 있다. 그리고 이런 제품들의 경우에는 환불이나 교환 등 애프터서비스가 그리 좋지 않다는 것도 기억해야 한다.

이 밖에도 결혼 준비과정에서의 과다한 혼수품, 지나치게 호화스러운 돌잔치, 명품 아기용품 구입, 충동적인 홈쇼핑 구매 등도 흔히 범할 수 있는 '변동성 지출'의 사례로 들 수 있겠다.

반면, 수입관리는 현재와 미래의 소득관리라고 할 수 있다. 만일 현재의 소득 규모가 작아도 지출이 작다면 미래의 소득을 위해 준비할 수 있는 잉여자금은 클 것이고, 소득 규모가 커도 지출 규모가 커서 상대적으로 잉여자금이 작다면 미래의 소득은 작아질 것이다. 예를 들어 아직 미혼인 신입사원의 경우에 급여액은 작아도 본인의 생활습관에 따라 비교적 큰 금액을 미래의 자신을 위해 준비할 수 있지만, 자녀교육비, 주택대출 상환 등 각종 지출에 시달리는 40대의 경우에는 소득액이 크더라도 미래의 소득을 위한 준비자금이 작아질 수 있다.

결국 자산관리는 미래소득(미래의 자산을 통한 소득창출)을 위해 최대한의 잉여자금(투자자금)을 확보하고, 잉여자금 운용을 통해 미래소득을 준비하는 과정이다. 이를 통해 연령대에 따른 수입과 지출의 불균형을 해소하여, 전 생애에 걸쳐 경제적으로 행복한 삶을 추구하는 활동이라고 말할 수 있다. 일반적으로 잉여자금은 경제활동기인 20~50대에 걸쳐 축적되며, 은퇴가 본격화되는 50대 이후에는 기존의 잉여자금으로 축적된 자산을 소비하게 된다. 그래서 필자는 자산관리라는 용어에 행복이란 수식어를 가미하여 '행복자산관리'를 해야 한다고 말하곤 한다.

행복자산관리를 수행함에 있어 가장 중요한 것은 현재를 직시하는 것이다. 사회·경제적 변화로 우리가 직면하고 있는 현실을 제대로 파악하는 일은 자산관리의 시작 단계에서 가장 중요하다. 시대의 변화를 반영하지 못한 자산관리는 결코 성공할 수 없기 때문이다.

돈 모으기 힘든 이유 ❶
저금리 시대

요즘 초등학교에는 자동차가 많이 다니는 학교 주변 횡단보도에서 학생들의 안전을 돕는 '녹색어머니회'라는 모임이 있다. 한번은 출근길에 신호를 기다리다가 녹색어머니회 회원들끼리 삼삼오오 모여 이런저런 이야기를 나누고 있는 것을 듣게 되었다.

엄마 1　그 동안 모아둔 돈을 저축을 할까 하고 오늘 아침에 은행에 다녀왔는데, 세상에나 1년 정기예금 이율이 4%도 안돼요. 그래도 최근에는 좀 오른 거라고 하는데, 너무 낮아서 좀 더 생각해 보려고 그냥 왔어요. 요즘 CMA가 대세라고 해서 일단은 CMA에 넣어 두고 다른 분들 이야기 좀 들어보고 결정하려고요.

엄마 2　어제 오늘의 일이 아니에요. 전셋값은 수천만 원씩 오르고, 물가는 마트 가기가 두려울 정도로 오르는데, 이자는 왜 이렇게 조금 주는지 몰라요.

엄마 3 예전에는 부동산이라도 좋았는데 요즘엔 웬걸요, 대출이자만 내고 가격은 오르지 않고 우리도 고민이에요. 오늘 신문을 보니 올 한해는 주식이고 부동산이고 대부분 다 마이너스라고 하니 그래도 원금 안 깨지는 은행에 예금해야 되는 거 아닌가요?

엄마 4 우리 애들 아빠도 은행에 다니는데, 요즘 은행에서도 예금보다는 다른 상품을 권한대요. 애들 아빠가 은행에 다니기도 하지만 IMF위기 이전에는 은행금리가 높아서 별 고민이 없었는데 우리도 고민이에요.

위의 대화에서도 알 수 있지만 자산관리(Asset Management)가 우리의 삶에 깊숙이 침투하게 된 가장 큰 배경은 '저금리'라는 한 단어로 축약된다. 50대 이상의 연령대에 속한 분이라면 과거 1980~1990년대의 고금리 상황을 떠올리며 '아! 옛날이여' 라는 말이 절로 나오지 않을까 싶다. 열심히 돈 벌고 남은 돈을 모아서 은행에 저축만 해도 연 10% 이상의 이자를 받을 수 있는 호시절이 그립지 않을 수 없다.

하지만 고금리 시대의 종말과 더불어 투자자들은 고민에 빠지게 되었다. 요사이 유행하는 우스갯소리로 '남편 월급 빼고 다 오른다' 라는 말이 있다. 그만큼 요즘 일반 서민들의 주머니 사정은 빠듯해지는 반면, 자산관리에 있어서 최대의 적인 물가는 지속적으로 오르고 있음을 반영하는 말이다. 항상 거론되는 불경기는 오히려 사람들에게 '언제 경기가 좋은 때가 있었나?' 라는 체념에 가까운 말로 변하고 있다.

　금리는 우리가 저축이나 투자를 통해 향후에 받을 수 있는 이자를 말하는데, 크게 두 가지로 살펴볼 수 있다. 현재 우리가 은행에 저축하고 받게 되는 금리는 1년 정기예금의 경우 4%를 넘지 못하고 있다. 이런 금리를 명목금리라고 한다. 그런데 더 중요한 것은 인플레이션(물가)이 반영된 실질금리다. 최근 5년간의 우리나라 물가상승률은 연 3% 정도다. 저축이나 투자로 3%의 이자(금리)를 받게 된다면 결국 돈의 가치는 전혀 증가하지 못하는 것이고, 물가보다 낮은 수준의 이자를 받게 된다면 사실상 돈의 가치는 오히려 하락하는 것이다. 물가상승률 3%는 1,000원의 가치가 1년 후 971원(=1,000원/1.03)으로 축소되는 것을 의미한다. 최근 우리나라의 물가상승률은 4% 내외로, 정기예금으로는 물가상승률조차 커버하기 어려운 상황이 되었다. 물가가 자산관리에 있어서 최대의 적일 수밖에 없는 이유가 여기에 있다. 이쯤 되면 투자자들은 물가상승률 이상의 수익률을 얻기 위해, 다시 말

물가를 반영한 실질금리는 마이너스

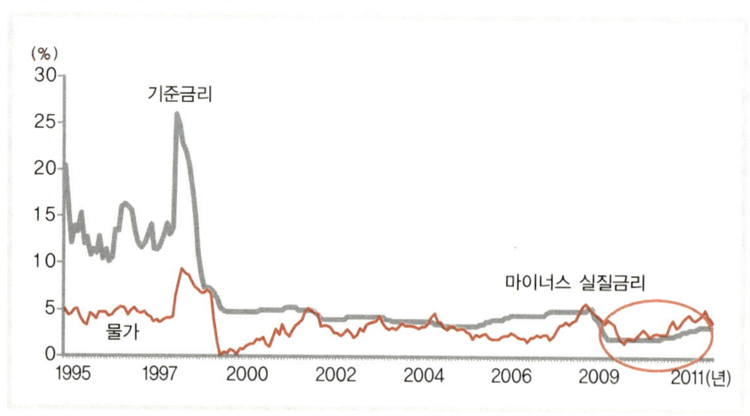

자료: 한국은행, 동양증권 리서치센터

해 돈의 가치를 유지하고 높이기 위해 투자에 대한 고민을 하지 않을 수 없다. 그런 고민 끝에 투자자들 중 일부가 저축은행을 찾았다. 저축은행은 5% 내외의 금리를 제시하고 있으니 투자자들 입장에서 쉽게 선택할 수 있는 대안이 되었던 것이다.

그러나 저축은행의 경우 제1금융권에 비해 재무적 안정성이 낮아서 예금자보호가 되는 5,000만 원을 한도로 가입하는 경우가 대부분이다. 물론 2011년에 발생한 저축은행 사태를 보면 적지 않은 분들이 예금자보호 한도 이상의 금액을 저축하여 심한 마음고생을 하게 되는 경우도 있었다.

물가를 반영한 기준금리는 마이너스 상태

21세기 이후 자산관리의 패러다임이 저축에서 투자로 바뀌었다는 말을 많이 들었을 것이다. 21세기라고 해서 금융시장에 큰 변화가 온 것은 아니다. 다만 대한민국의 경제가 30~40년간의 고성장기를 마무리하고 저성장 시대로 진입하면서, 고금리 시대가 종언을 고했기 때문이다.

새로운 시대에 부합하는 새로운 패러다임이 필요한 시점이다. 시대 변화에 적응하지 못하면 결국 자산(부)이 축적되기보다는 감소하는 우를 범할 수 있기 때문이다. 그런데 우리나라의 수많은 기념일 중에 '저축의 날'은 있어도 아직 '투자의 날'은 없다. 새로운 시대에 맞는 발상의 전환으로 '투자의 날'을 만들어 경각심을 일깨우는 것도 필요하다고 본다.

저금리 시대에 보유자산의 수익률을 단 1%라도 높이기 위한 치열한 노력에 대해 '겨우 1%를?' 하는 생각을 가진 분들이 있을지도 모르겠다. 부디 그런 분들은 1% 차이가 의미가 없을 정도로 큰 규모의 자산을 보유한 분들이길 바란다. 만일 그 반대의 경우라면 더 치열하게 준비해야 할 것이다.

필자의 뇌리에 강하게 남아 있는 사례가 있다. VIP고객 전담 점포(동양증권의 골드센터 또는 W Prestige)에 근무하던 시절 당사에만 약 10억 원 정도(타 금융기관 및 부동산을 포함한 전체 자산 규모는 40~ 50억 원)의 자금을 운용하는 고객이 있었다. 필자가 5년 넘게 재무상담을 하고 있었던 70대 중반의 그 분은 가족이 모두 미국에 있었는데, 몸이 편찮아서 입원이라도 하게 되면 병문안도 가고 말동무도 되어드리곤 했다. 그런 분이 어느 날 만기가 도래한 3억 원의 자금을 인출하려 하셨다. 이유를 물어보니 다른 금융기관에 0.1% 금리가 높은 상품이 있기 때문이라는 것이다. 6개월 만기였으므로 실수령액 차이는 15만 원이 채 되지 않았다. 물론 6개월 후에 다시 자금을 가져오시긴 했지만 그때 느낀 충격은 정말 컸다. 자녀들이 미국에서 사업가, NASA연구원, 의사 등으로 있어서 자녀 걱정 없이 본인만의 여유로운 삶을 즐길 만한 여건이었음에도 불구하고, 수십억 원대의 자산가가 0.1%의 금리 차이로 자금을 옮긴 것이다.

복리효과와 72의 법칙

추가적인 1% 수익률의 파괴력을 단적으로 느낄 수 있는 것으로 '복리효과'와 '72의 법칙(Rule of 72)'이 있다. 72의 법칙이란 투자원금이 2배로 늘어나는 기간을 쉽게 알 수 있는 법칙이다. 예를 들어 1,000만 원의 종잣돈이 5%의 수익률로 투자된다면 원금이 2,000만 원이 되기까지는 14.4년이 소요된다. 만약 7%의 수익률로 투자된다면 10.3년 만에 종잣돈이 두 배로 불어난다. 조금 더 욕심을 부려 연 10%의 수익률을 얻을 수 있다면 원금이 두 배로 증가하는 데 걸리는 시간은 7.2년으로 줄어들게 되고, 5%와 비교할 때 14.4년 후에는 4,000만 원으로 불어나 있을 것이다.

　단순히 수익률 차이를 통해 계산되는 것이 무슨 의미가 있느냐고, 실현 가능성에 대해 의문을 제기하는 분도 있을 것이다. 그러나 이 책을 끝까지 정독한다면 투자상품을 통해서 7%나 10%의 수익률을 달성하는 것이 꼭 어려운 것만은 아니라는 사실을 알게 될 것이다.

72의 법칙

72 ÷ 　5 = 14.4년
72 ÷ 　7 = 10.3년
72 ÷ 10 = 　7.2년

　72의 법칙이 원금이 두 배로 불어나는 기간이 짧아지는 것에 중점을 두고 보는 법칙이라면 '복리효과'에서는 수익률과 함께 장기투자의 중요성이 강조된다. 복리효과는 투자수익률의 차이가 투자기간에 따라 자금규모의 증가 속도에 얼마나 크게 영향을 미치는지를 극명하게 보여준다. 이 책의 목적이 생애주기에 따른 목적자금을 원만하게 준비하는 데 있다는 점을 고려할 때 복리효과는 투자의사결정 과정에서 견지해야 할 가장 중요한 법칙이라고 생각된다. 그러면 마법 같은 복리효과를 2가지 예로 자세히 살펴보자.

현재 40세인 남자가 배우자와 함께 60세에 은퇴하여 85세까지 노후생활을 할 경우 국민연금 등으로 준비되는 노후자금을 감안하여 60세 시점에 추가로 준비해야 할 자금이 5억 원이라고 가정하자. 나준비 씨의 경우 40세부터 투자를 하고 김태평 씨의 경우 50세부터 투자를 시작한다면 60세에 5억 원을 마련하기 위해 매월 얼마의 자금을 투자해야 할까? 세금 공제 후 투자수익률은 7%로 가정하자.

나준비 씨의 경우 20년간 매월 98만 원(연간 1,180만 원)을 투자하면 60세 시점에 약 5억 원의 자금을 마련할 수 있는 반면, 50세부터 준비하는 김태평 씨는 매월 291만 원(연간 3,500만 원)을 투자해야 60세 시점에 5억 원을 준비할 수 있다.

빨리 투자할수록 줄어드는 부담

(단위: 원)

구 분	목표자금	투자기간	매월 투자금	투자원금
나준비	500,000,000	20년(40세~)	980,000	236,000,000
김태평	500,000,000	10년(50세~)	2,910,000	350,000,000

※투자수익률 7%로 가정(세후, 연복리)

저금리 시대에 복리효과의 중요성을 이해하기 위해 다른 각도로 한 번 살펴보자. 예를 들어 10년이라는 투자기간 동안 안정성을 중시하는 사람과 다양한 금융상품을 통해 적정수익률을 달성하는 두 투자자를 비교해볼 수 있다.

이안전 씨는 채권, 주식, ELS, 원자재 등 이른바 투자자산에 대해 잘 모를뿐더러 회사 업무로 바빠서 월급에서 생활비 등의 지출을 제외한 모든 자금을 은행의 정기예금을 통해 관리하고 있다. 반면 한경제 씨는 평소 경제신문을 구독하고 금융시장 및 금융상품의 동향과 새로운 투자상품에 대해 꾸준히 관심을 갖고 연간 은행금리 1.5배~2배 정도의 수익률을 얻고 있다.

이안전 씨와 한경제 씨가 모두 월 100만 원 정도의 잉여자금으로 10년간 투자할 경우 두 사람의 10년 후 자금규모는 어떻게 변할까? 이안전 씨의 경우 안전을 최우선시하는 성향으로 세후 연 4%의 수익을 얻을 수 있고, 한경제 씨의 경우 지수형 ELS, 비과세 해외국공채, 적립식 펀드 등을 활용하여 세후 연 7%의 수익률을 거둔다면, 10년 후 두 사람의 투자자금은 얼마일까?

두 사람의 10년 후 자금규모는 1억 4,717만 원과 1억 7,201만 원이다. 3%의 투자수익률 차이로 10년 후 자산은 2,484만 원의 차이가 난다. 하지만 똑같은 투자가 20년에 걸쳐 지속될 경우 20년 후 자금규모는 각각 3억 6,500만 원과 5억 1,000만 원이 되고, 그 차이는 1억 4,500만 원으로 더욱 벌어지게 된다.

투자의 세계에서 최후의 승자는 시간이라고 한다. 시간과의 싸움에서 이길 수 없는 사람은 결코 복리효과의 마법을 누릴 수 없다. 20세기 최고의 과학자로 불리는 아인슈타인도 '복리는 우주에서 가장 강력한 힘으로 20세기의 가장 위대한 발명품'이라고 하지 않았는가.

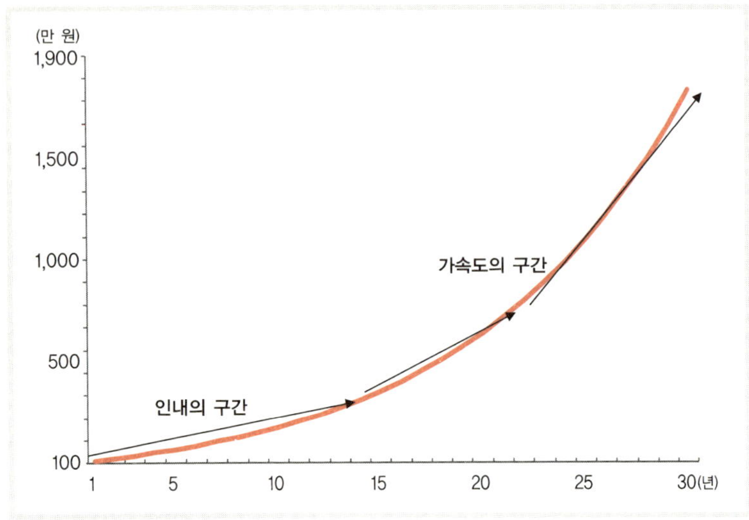

자료: 동양증권 리서치센터/초기 투자금 100만 원이 10%의 수익률로 투자될 경우 시간에 따른 가치변화

현재 우리가 직면할 수밖에 없는 저금리 시대에 일반인들이 특정 목적의 자금을 마련하기 위해 취할 수 있는 방법은 2가지뿐이다. 하나는 낮은 수익률을 보완하기 위해 허리띠를 더욱 졸라매고 지출을 통제하여 더 많은 자금을 저축하는 것이고, 또 하나는 경제 및 금융환경 변화에 발맞추어 장기간에 걸쳐 투자 중심의 자산관리를 시작하는 것이다.

05 호모 헌드레드 시대

호모 헌드레드(Homo-hundred, 100세 인간) 시대에 대한 설명에 앞서 평균수명과 기대수명이라는 용어에 대해 짚고 넘어가자. 평균수명이나 기대수명은 자주 들을 수 있는 말이지만, 주변 지인들과 대화를 나누다 보면 약간의 오해가 있는 것 같다는 생각이 든다.

평균수명 100세는 과거에는 꿈조차 꿀 수 없었다. 환갑 때 장수를 축하하는 의미로 큰 잔치를 열던 전통은 그래서 나왔다. 오죽하면 70세까지 사는 사람이 드물다는 시(당나라 시인 두보의 곡강시 · '人生七十古來稀')까지 쓰였겠는가.

평균수명이 크게 늘어난 것은 최근의 일이다. 환경 개선과 의료 기술의 발달 덕분이다.

통계청에 따르면 2009년 기준 우리나라 인구의 평균수명은 80.5세를 기록했다. 지난해 세계보건기구의 통계를 봐도 비슷하다. 남성의 기대수명이 76세, 여성의 기대수명이 83세다. 100세 이상인 고령자들도 점점 늘고 있는 추세다. 하지만 '장수＝축복'이라는 데 동의하지 못하는 사람들이 많다. 경제적인 안정이 뒷받침되지 않으면 여생이 즐겁기만 하지는 않은 탓이다. 심지어 일부 은퇴 전문가들은 '노후준비 없는 장수는 재앙'이라고까지 말한다.

– 《한국경제신문》, 2011년 10월 12일

위의 언론보도와 관련하여 많은 분들이 우리가 평균적으로 80세는 살고 있다고 생각한다. 그런데 평균수명 80세는 2009년도에 태어난 아이가 평균적으로 생존할 것으로 기대되는 기간을 의미한다. 2009년 출생자의 평균수명과 기대수명은 같다. 그러나 현재 살아있는 사람의 경우에는 평균수명의 증가도 물론 중요하지만 앞으로 살아갈 것으로 기대되는 기대여명(life expectancy)이 더욱 중요하다.

우리나라의 평균수명 추이를 보면, 1971년도의 평균수명이 63세에 불과했다. 혹시 독자 중에 1971년생이 있다면 한번 생각해보기 바란다. 과연 본인이 63세까지밖에 살 수 없을 것으로 생각하는 분이 있을까?

필자가 강연회에서 청중을 대상으로 "앞으로 몇 년 정도 사실 거라고 생각하십니까?"라고 질문을 하면 대부분이 기대여명보다 낮게 대답하는 경우가 많다. 대체로 평균수명을 생각해서 대답하기 때문이다.

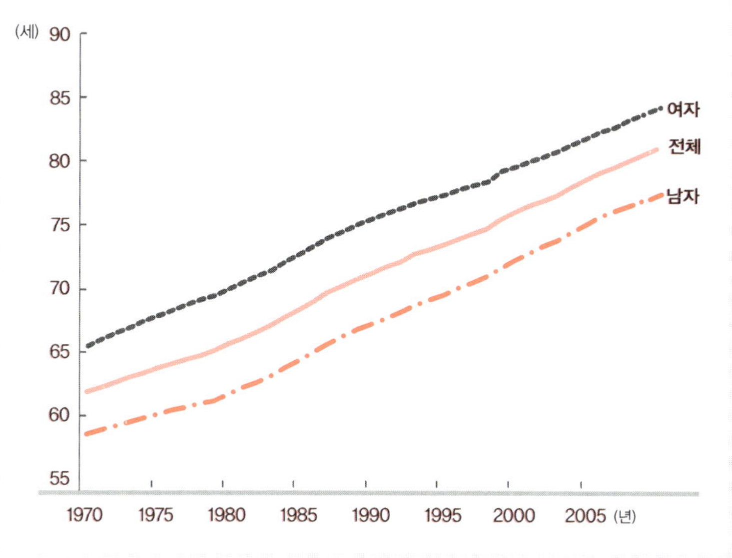

자료: 통계청, 동양증권 리서치센터

같은 취지에서 2011년 초 고려대학교 통계학과 박유성 교수팀의 기대여명에 대한 조사는 더욱 의미가 있다. 그 자료에 따르면 현재 40대의 경우 약 50년 가까운 삶을 살게 될 것으로 조사되었다. 그래서 우리에게 100세 시대가 의미가 있는 것이다. 아직 평균수명이 80세밖에 되지 않는데 호들갑이라도 말하는 분들도 있겠지만, 현재를 살아가는 우리는 평균수명보다 좀 더 긴 삶을 살게 되기 때문에, 100세 시대는 결코 남의 이야기가 아니라 바로 눈앞의 현실이다.

100세 시대의 도래는 우리에게 적지 않은 선물과 부담을 함께 가져다준다. 옛말에 '개똥밭에 굴러도 저승보다는 이승이 낫다'라는 말이 있다. 그만큼 아무리 고달프고 힘들어도 사후세계보다는 현세가 낫다는 의미일 것이다. 1970년대 초반만 해도 60세 초반에 불과했던 평균수명이 80세를 넘어섰고 기대여명을 감안하면 우리의 삶은 더욱 길어질 것이다. 고려대 통계연구소의 자료를 기준으로 하면 90세 이상을 기준으로 설계해야 한다.

그래서 필자는 앞으로는 '30-30-30의 시대' 라고 생각한다. 약 30여 년에 걸쳐 사회로 나갈 준비를 하게 되고, 30여 년 동안 사회생활(경제활동)을 하게 되며, 약 30여 년간 은퇴생활(노후생활)을 하게 되는 것이다.

1970년대 평균수명이 60세 초반 대에 머물렀을 무렵의 회갑과 최근 우리 주변에서 볼 수 있는 회갑의 의미가 전혀 다른 이유가 여기 있다. 과거 회갑이 한 생애의 마무리를 의미했다면 지금은 새로운 시작의 의미로 인식되어야 한다.

그러나 은퇴 이후 맞이하게 될 약 30년에 달하는 노후생활은 준비 없이 맞이할 수 있는 시간이 아니다. 오래 사는 축복만큼이나 장기간 지속될 은퇴생활을 알차고 풍요롭게 또는 최소한 비참하게 보내지 않기 위해서는 경제활동을 영위하는 동안 계획적인 준비가 선행되지 않으면 안 된다. 단순히 삶의 연장만을 즐거워하기에는 각자 스스로 부담해야 할 것들이 많기 때문이다.

흔히 지금의 40~50대를 샌드위치 세대라고 부른다. 낳아주시고 길러주신 연로한 부모님을 봉양해야 한다는 생각으로 부모님에 대한 부양의지가 높은 반면, 자녀로부터의 부양을 기대할 수 없는 세대라는 것이다. 이는 실제로 통계조사에서도 확연히 드러난다. 우리나라 청년층(15~19세)을 대상으로 실시한 가족 부양의식 조사에 따르면 부모

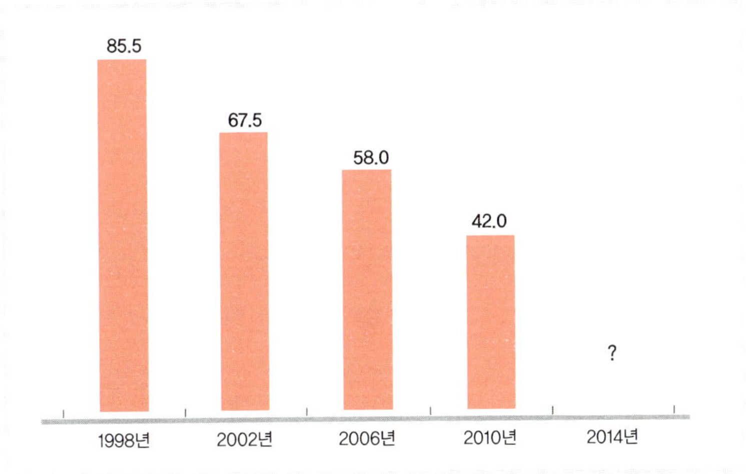

자료: 통계청, 동양증권 리서치센터

님을 부양해야 한다는 생각을 가지고 있는 청년층의 의식이 10여 년 전의 85.5%에 비해 이미 2010년 결과에 의하면 42%로 떨어졌다. 앞으로 청년층의 부모 부양의식이 높아질 것이라고 기대하는 사람은 아무도 없을 것이다.

이 외에도 100세 시대에 스스로의 준비가 절실히 요구되는 이유는 또 있다. 우리가 노후준비의 보루로 여기고 있는 국민연금은 직장인의 경우 연금보험료의 절반을 회사에서 부담하고, 연금개시 후 물가상승률을 반영하여 평생토록 죽을 때까지 지급된다는 점에서 매우 중요한 역할을 하고 있다. 그러나 국민연금의 중요성에도 불구하고 국민연금만으로 100세 시대를 준비하기에는 턱없이 부족하다.

100세 시대와 함께 노인인구의 증가를 나타내는 고령화가 급격하게 진행되고 있고, 노년층에 대한 경제활동 인구의 부담 수준을 나타

내는 노년부양비 급증으로 국민연금의 보장기능이 갈수록 약해질 수밖에 없다. 또한 노년층의 증가에 따른 연금재정의 악화가 현실화될 수밖에 없기 때문에 고부담-저급여 체계로 연금구조가 변화되어야만 한다.

이를 테면 45세의 남성이 부인과 더불어 60세에 은퇴하여 85세까지 월 생활비 200만 원(현재가치 기준)을 지출한다고 가정할 때, 60세 시점(물가상승률 3% 가정)에 필요한 자금만 약 9억 원이다. 수명의 연장에 따른 필요자금은 어떻게 조달할 것인가? 만일 여러분이 그와 같은 상황이라면 어떤 준비를 할 것인가?

OECD 발표에 따르면 2009년 기준으로, 한국의 노인 빈곤율(전체 노인 중 중위 소득 미만에 속하는 노인의 비율)은 45%로 대략 2명 중 1명이 빈곤층이다. 34개 OECD 국가 중 가장 높은 수치다. 일본(22%), 그리스(23%), 미국(24%)에 비해 2배 정도 높을 뿐만 아니라 노인 빈곤율 2위인 아일랜드(31%)보다도 14%p나 높다. 준비 없이 맞이한 노년은 헤어날 수 없는 가난의 늪으로 빠져들 수밖에 없다.

06

돈 모으기 힘든 이유 ❸
스스로 준비해야 하는 시대

100세 시대에 걸맞은 생애자산관리

100세 시대의 도래는 오랜 시간에 걸쳐 본인 스스로 준비하는 인생설계의 중요성을 높여주고 있다. 이를 다른 말로 하면 '생애자산관리' 라고 한다. 생애자산관리란 단순히 몇 억 만들기 식의 개념이 아니다. 살면서 단계별로 마주치게 될 재무 이벤트를 고려하여, 이벤트별로 소요되는 자금(재무설계상 목적자금이라고 함)의 규모를 예상한 후, 자금 마련 계획을 세우고 실천에 옮기는 것을 말한다.

생애주기(life-cycle)상 마주치게 되는 주요 재무 이벤트는 학창시절을 마치고 취업을 하면서 본격적으로 시작된다. 취업을 하고 결혼, 자녀양육 및 교육, 주택마련, 자녀결혼, 노후준비, 노후생활 등이 가장 일반적으로 마주치는 재무 이벤트라고 할 수 있다.

생애자산관리는 생애 전반에 걸쳐 진행되는 만큼 초장기 프로젝트라고 할 수 있다. 따라서 일시적인 운에 의존하여 한방을 노리는 위험을 피하고, 전 생애에 걸쳐 가장 큰 행복을 추구해야 할 것이다. 그렇기 때문에 무조건 미래를 위해 현재를 포기하는 것이 아니라 미래의 삶(투자)과 현재 소비(지출) 사이의 적절한 조화를 통해 최대한의 행복을 끌어내는 데 목적을 둔다.

자산관리에도 균형감각이 필요하다

생애자산관리 개념에서 가장 큰 충돌을 일으키는 두 이벤트는 자녀교육과 은퇴준비라고 할 수 있다. 자녀교육과 은퇴준비 모두 포기할 수 없을 만큼 중요하기 때문에 어느 한쪽으로 쏠림이 생겨서는 안 된다. 그러나 많은 가계가 은퇴준비보다는 자녀교육에 더 치우쳐 있고 어떻게든 되겠지 하는 자포자기의 심정으로 은퇴를 생각한다.

자녀가 있는 독자라면 자녀교육을 위해 지출되는 돈과 본인과 배우자의 은퇴생활을 위한 은퇴준비 자금을 비교해보기 바란다. 인구구조

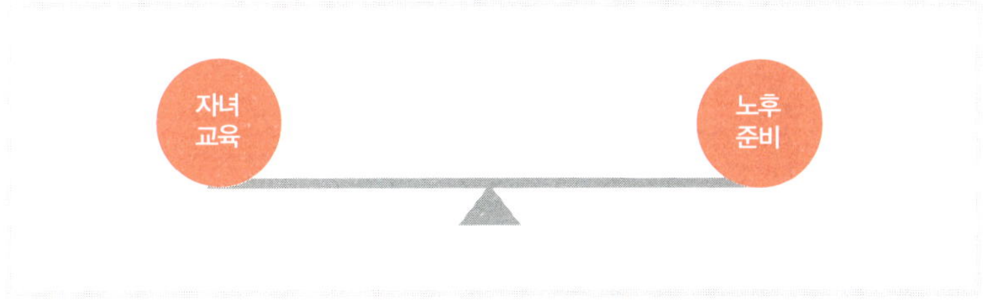

가 변화됨에 따라 국민연금에 대한 기대치를 낮추어야 할 뿐만 아니라 자식에 대한 부양 또한 기대하기 어려운 상황에서 자칫 잘못하면 빈곤한 노년을 맞이할 수 있다. 그리고 이는 오히려 자녀의 부담을 가중시킬 뿐이다. 스스로 노후를 준비하여 자녀의 부담을 줄이는 것이 자녀에게 보다 이로울 것이다.

생애자산관리는 오랜 기간, 보통 수십 년에 걸쳐 진행되기 때문에, 본인의 재무상태 및 목적자금별 준비상황과 금융환경 변화 등을 고려하여 주기적으로 점검하고 수정이 이루어지게 된다. 특별한 경우를 제외하고 주기적인 점검은 1년 단위로 수행하는 것이 좋다. 지난 1년간의 투자성과를 전년과 비교 및 검토해본다면, 향후 1년간의 방향을 설정하는 데 큰 도움이 될 것이다.

생애자산관리는 결혼준비에서 노후준비로 마무리

생애자산관리 중 노후준비는 유동성 확보가 중요하다. 가장 왕성하게 활동하는 30~40대와 달리 은퇴 이후의 삶은 경제활동을 통한 소득창출이 어렵기 때문에 축적된 자산을 활용하여 생활을 영위하게 된다. 이때 중요한 것이 자산의 규모와 더불어 연금형 자산을 통해 유동성을 확보해야 한다는 것이다.

그런데 안타깝게도 우리나라 대부분 연령대의 자산구조는 부동산에 과도하게 집중되어 있다. 일부 연령대의 경우 전체 자산 중 부동산 비중이 90%에 육박하기도 한다. 점진적으로 부동산 비중을 축소시키는 것이 불가피하다.

과거에는 부동산 하나만 잘 투자해도 부자가 될 수 있다는 생각이 팽배했으나 2010년 이후 부동산 시장의 가장 큰 수요계층이었던 베이비붐(baby boom) 세대의 은퇴가 본격화되었고, 10%대의 고성장 경제가 마무리되고 안정적인 성장 국면으로 진입한 만큼, 부동산은 투자 대상이라기보다는 실제거주 개념으로 접근하는 것이 바람직하다.

07

복잡다양성의 시대

저금리 및 100세 시대 도래에 따른 생애자산관리와 노후준비의 중요성을 체감했다면, 우리의 고민은 투자상품에 대한 선택의 문제로 넘어간다. 우리 주변에는 다양한 종류의 투자상품이 존재한다. 과거의 투자상품은 주로 은행 예·적금, 부동산, 채권, 주식에 한정되었으나, 최근에는 금융공학의 발달과 투자의 글로벌화로 ELS/DLS(파생결합증권), 해외 주식형 펀드, 주식형 채권, 해외 채권, 원자재 등을 넘어 헤지펀드(hedge fund)로 투자영역이 확대되고 있다.

해외 투자도 BRICs(브라질, 러시아, 인도, 중국), 베트남, 인도네시아, 미국 등 다양한 지역의 주식 및 채권에 투자가 이루어지고 있으나, 각국의 경제동향을 파악하여 투자자 본인이 투자 의사결정을 내리기란 여간 어려운 일이 아니다. 투자지역만 넓어진 것이 아니라, 투자기간,

투자목적, 투자상품의 위험도, 세제혜택 등 분류기준에 따라 금융상품의 종류도 다양해졌기 때문이다. 이렇게 투자상품이 복잡하고 다양해질수록 본인 스스로 금융지식을 쌓기 위한 노력을 해야 할 뿐만 아니라, 분야별 전문가까지 활용하는 자산관리가 필요해질 수밖에 없다.

예전에 필자의 선배로부터 다음과 같은 말을 들은 기억이 있다. "요즘은 세상을 살아가려면 은행원, 변호사, 의사 친구가 한 명씩은 있어야 한다." 언뜻 보면 맞는 말이다. 그런데 필자는 여기에 자산관리 전문가를 추가해야 하는 세상이라고 말하고 싶다. 또한 자산관리 전문가도 다양한 영역별 전문가가 있을 것이므로, 여러 분야의 전문가를 멘토(mentor)로 둔다면 더욱 좋겠다.

아무리 복잡다양성의 시대라 해도 핵심을 꿰뚫고 있다면, 투자 판단 과정에서 많은 조언을 얻을 수 있을 것이다. 간혹 믿기 어려울 정도로 좋은 조건의 금융상품이 있다면 멘토를 통해 해당 금융상품이 가진 장점과 더불어 위험 요인을 살펴봐야 할 것이다.

멘토가 없을 경우 일반 투자자들이 가장 쉽게 저지르는 실수가 소문에 의해 투자하거나 자금의 성격과 상반되는 상품에 투자하는 것이다. 일례로 6개월 내에 사용해야 할 자금을 주식형 채권에 투자하거나 주식형 펀드에 투자하는 것 등이다. 이러한 투자자금의 성격과 투자상품의 부조화는 자칫 돌이키기 힘든 손실을 야기할 수 있기 때문에 바람직하지 않다.

다양한 금융상품

단기 유동성
MMF, CMA, RP

확정이자형
CP, 회사채, 신탁, 발행어음, 국공채

주식형 펀드
인덱스, 액티브형, 가치형, 배당형, 그룹주, 퀀트, 해외주식형(미국, 일본, 브라질, 러시아, 중국, 인도, 베트남, 이머징, 글로벌 등)

연금 및 신금융상품
금, 원유, 탄소배출권, CTA, ELS, WRAP, 연금저축, 개인연금, ETF, 선물옵션, ELW, 헤지펀드 등

자료: 동양증권 리서치센터

08

돈 걱정 없는
인생 플랜을 세워라

인생의 로드맵(Roadmap)을 그려라

대부분의 새내기 직장인들은 취업의 관문을 넘어섰다는 희열과 동시에 새로운 환경에 적응하느라 본인의 재무적인 측면에서 인생을 설계할 겨를이 별로 없다. 금융권에 근무하거나 인생 전반에 대해 조언을 해주는 선배가 있다면 사정이 좀 달라지겠지만, 그 외의 사람들은 그런 기회를 갖기가 쉽지 않다. 그렇다 보니 대부분의 새내기 직장인들은 자산관리에 대한 개념이 부족하고 저축이나 투자라는 것을 생각하지도 못하는 경우가 많다.

그래서 필자는 현재의 직장이나 외부 신입사원들을 대상으로 한 교육과정에 강사로 나가는 경우, 라이프사이클(life-cycle) 또는 은퇴에 대한 이야기를 반드시 한다. 신입사원 중 얼마나 많은 사람들이 귀담아 들을지는 모르겠지만, 예상치 못했던 내용에 '아니, 신입사원한테 은퇴 이야기를 하시나?' 하면서 의아해 하는 표정은 느낄 수 있었다. 신입사원 교육에 전혀 생각하지 않았던 주제이기 때문에 당황스러웠겠지만, 그래도 귀담아 들었다면 인생의 로드맵(roadmap)을 그려볼 수 있는 좋은 기회가 될 것이라 생각한다.

이 책에서도 이 부분을 강조하고 싶다. 100세 시대가 도래하고 오래 살게 되더라도 경제적인 뒷받침이 없는 장수는 비참할 뿐이다. 앞으로 걷게 될 삶의 궤적을 따라 여러분의 삶을 한번 그려보기 바란다. 필자가 새내기 직장인들에게 많이 하는 말이 5년 후, 또는 10년 후 미래의 모습을 그려보라는 것이다. 독자 여러분도 10년 후, 20년 후에 자신이 어떻게 될지 모습을 그려보기 바란다. 단순히 미래의 모습을 상상하는 것에 그칠 것이 아니라 가깝게는 수 년에서 멀게는 수십 년 후 여러분이 맞이하게 될 상황을 냉정하게 객관적으로 생각해보기 바란다.

아무리 출산율이 낮아도 결혼 후 대부분은 자녀를 둘 것이고, 자녀를 교육시켜야 할 것이며, 좋은 집을 사고 풍요로운 은퇴생활을 꿈꿀 것이다. 이 모든 것들은 단지 꿈꾸는 것만으로는 이룰 수 없다. 계획을 세우고 준비하지 않으면 도저히 맞이할 수 없는 것들이다. 라이프사이클 상 직면하는 주요 이벤트별 필요자금은 대략 더해도 10억 원이 훌쩍 넘는다.

자산관리의 시작은 본인의 인생에 대한 로드맵을 만드는 일에서 시작된다. 지나간 과거는 우리에게 반성의 대상이지 분노의 대상은 아니다. 지나간 과거에 연연하지 말고 지금부터 미래를 위한 인생계획을 수립하자. 그리고 그 계획을 잘 마무리하기 위해 필요한 것들이 무엇인지 보다 구체적인 숫자를 통해 목표를 세우기 바란다. 각각의 목적자금이 계산될 것이고 목적자금을 마련하기 위해 어떤 행동(action)을 취해야 하는지 궁금할 것이다. 이 책의 2장과 3장을 통해 독자 여러분들이 준비해야 할 목적자금과 목적자금 마련을 위한 방법에 대해 도움을 받을 수 있을 것이고, 4장의 실제 사례를 통해 연령대별로 보다 상세한 계획을 세울 수 있을 것이다.

"너 자신을 알라"+"Stay hungry, Stay foolish"

소크라테스의 '너 자신을 알라'는 식상함을 느낄 정도로 많은 이들이 들어본 말일 것이다. 필자도 수없이 듣고 내뱉은 말이기도 하다. 그런데 가끔씩 이 말 속에서 답을 얻는다. 지금껏 겪었던 모든 문제는 스스로를 되돌아보고 잘 앎으로써 답을 찾을 수 있는 경우가 많았다.

그래서 필자가 자산관리 원칙으로 제시하고 싶은 것도 바로 자기 자신을 잘 알고 끈기 있게 투자하라는 것이다. 강연회를 통해 만난 어느 경찰관이 있었다. 그는 5년 전에 가입한 연금저축펀드를 1년 정도 돈을 납부하다 해지한 것에 대해 이야기했다.

경찰관 강사님 말씀은 좋은데 오래 끌고 가기가 힘들어요. 연금저축펀드에 투자했는데 수익률이 좋은 것 같지도 않고 신문에서 경제가 안 좋다는 이야기가 나오고 하니까 해지하게 되더라고요.

필자 혹시 그때 해지한 돈은 지금 어디 있는지 아세요. 그리고 매월 20만 원씩 저축하던 것을 계속했다면 생활이 불편했을까요?

경찰관 그 돈이 어디로 사라졌는지는 잘 모르겠어요. 집사람도 직장생활을 하기 때문에 생활에 불편을 줄 정도는 아닙니다.

필자 그럼, 처음에 연금저축펀드는 왜 가입하셨나요?

경찰관 주변에 아는 분이 좋다고 해서 가입했고요. 왜 가입해야 하는지 뚜렷한 목적 없이 그냥 가입했습니다.

필자는 고객과 상담을 하면서 심치(心治)라는 말을 강조한다. 아무리 좋은 투자도 투자자 본인의 마음이 편해야 한다는 것이다. 마음이 편하기 위해서는 투자를 하는 목적이 무엇이며, 왜 투자를 해야 하는지, 또 투자하기로 결정한 상품이 어떤 특성을 가지고 있어서 어떤 결과가 나올 수 있는지 등을 알고 투자해야 한다는 것이다. 우리가 자녀의 대학 등록금이나 결혼 자금을 마련하기 위해 수년간 또는 수십 년 동안 준비를 한다면 어떤 위험(risk)을 감수할 수 있는지 등 마음의 준비가 가능하기 때문이다. 결국 자신의 현재 상황과 투자목적 및 투자기간을 명확히 알고 투자를 결정한다면 위의 사례처럼 작은 변화에 의해 투자의사 결정이 흔들리는 일은 일어나지 않을 것이다.

최근 IT업계의 걸출한 거물인 스티브 잡스(Steven Jobs)가 세상을 떠났다. 그가 스탠포드 대학의 졸업식에서 축사를 한 적이 있는데, 축사

마지막에 언급한 'Stay hungry, Stay foolish' 라는 말이 세간에 화제가 되었다. 현재에 만족하지 말고 항상 갈망하며, 우직하게 도전하라는 의미인데, 이 말은 자산관리에도 그대로 적용된다. 자산관리도 먼저 자신을 알고 현재에 만족하지 말고 항상 갈망하며 끈기 있고 우직하게 나가야 하는 것이다. 나름 성공한 사람들의 이야기를 듣다 보면 하나의 공통점을 발견할 수 있는데, 그들은 여러 난관에도 불구하고 목적을 달성하기 위해 우직하게 그리고 꾸준히 노력을 지속했다는 사실이다.

주기적으로 점검해라

한 해를 마감하거나 새로운 계획을 수립하는 연말연시에는 가정경제를 전반적으로 점검할 필요가 있다. 쩨쩨하게 뭘 그런 것을 검토하느냐고 하는 분도 계시겠지만, 필자는 매년 연말이면 지난 1년간을 점검하고 다가올 1년의 주요 이벤트를 반드시 체크한다. 이 작업은 짧게는 3~4시간 길게는 하루 정도 소요되는데, 학창시절 계획을 세우는 것처럼 계획을 세우는 것만으로도 다가올 1년에 대한 마음가짐이 달라짐을 느낄 수 있다. 이때 반드시 점검하는 사항으로는 자산부채 상태, 월별 수입지출 규모, 투자자산의 성과, 향후 1년간 추가적으로 고려할 가족환경 및 금융환경의 변화 등이 있다.

　주요 이벤트를 체크할 때 반드시 점검해야 할 사항을 정리하면 다음과 같다.

첫째, 자산부채 상태를 점검하면서 지난 1년간 가계자산이 얼마나 증가했는지 또 부채는 얼마나 증가했거나 감소했는지를 살펴본다. 그리고 전체적으로 순자산(자산에서 부채를 차감한 금액)은 얼마나 증가했는지, 오히려 감소했다면 그 이유는 무엇인지 점검해야 한다. 특히, 순자산의 감소는 가정경제의 적신호가 될 수 있으므로 그 원인을 면밀히 파악해야 한다. 보유 중인 주택가격의 하락에 따른 감소인지, 소득을 상회하는 지출증가에 따른 것인지, 아니면 다른 이유가 있는지를 알아보고 대안을 마련하도록 해야 한다.

둘째, 월별 수입지출 규모를 체크한다. 가장 지출규모가 큰 달의 경우 일상적인 지출 외에 추가적인 지출이 필수불가결한 지출이었는지, 또 추가적인 수입이 있었다면 수입원이 무엇이었으며 지속성이 가능한 수입인지, 전체적인 소득 대비 지출의 비율은 몇 %나 되는지 등을 체크하여야 한다. 이 과정에서 대출이 여러 곳에 분산되어 있다면 통합하여 대출 이율을 낮추거나 불필요한 수수료 지출이 발생하고 있다면 이를 제거하도록 해야 한다.

셋째, 투자자산 성과 및 금융환경 또한 주요 점검사항이다. 지난 1년간 투자자산의 성과를 되짚어보고 어떤 투자자산의 성과가 좋았는지, 또 새로운 금융상품은 어떤 상품들이 있는지 살펴보면서 투자자산 구성의 변화를 꾀할 수 있다. 주식자산의 성과가 좋아서 채권자산 대비 비중이 높아졌다면 일부 자산을 채권이나 여타 자산으로 옮기는 방안도 생각해볼 수 있고, 아니면 정반대의 경우도 생각해볼 수 있다. 투자가치가 높은 전환사채나 기업공개(IPO)가 예정되어 있다면 투자자금을 잠시 보유하는 것도 고려할 수 있겠다. 이를테면 은퇴를 목전에 두고 있는 독자의 경우 2011년 이후 다양한 형태의 은퇴 후 유동성 확보용 금융상품이 출시되고 있기 때문에 자산관리 전문가와 상담을 통해 소기의 목적을 달성할 수 있는 금융상품을 추천 받을 수 있을 것이다.

넷째, 자녀의 성장에 따른 교육비 증가나 본인의 소득 증가 등 개별적인 환경 변화를 점검한다. 잉여자금의 축소 또는 추가 상황이 발생할 수 있으므로 각각의 상황에 맞추어 소득의 배분 비중(생활비, 투자, 노후준비 등)에 대해서 검토하는 시간을 가져야 한다.

자연스런 투자 시스템을 확보하라

마지막 4단계는 무엇보다 가장 중요한 단계이다. 앞의 3가지 단계가 당위성의 성격이 강하다면 이번의 네 번째 단계는 실천적인 방법과 툴을 제시하고 있다. 인생설계를 통해 투자를 결정하고 주기적으로

통장 시스템

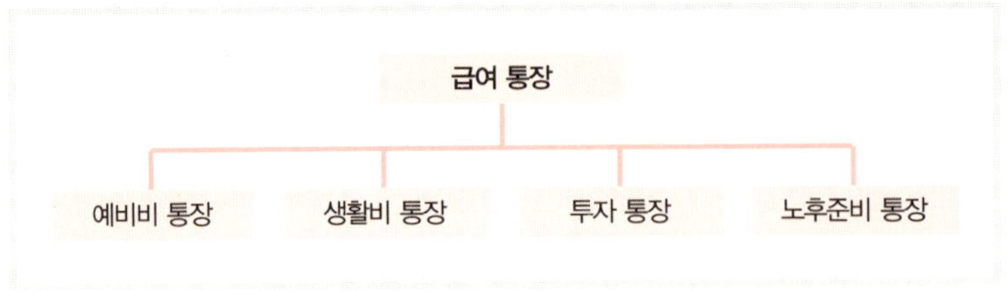

평가 또는 관리를 하는 방법이 네 번째 단계라고 할 수 있다. 이 단계를 원활하게 수행하기 위해서는 투자자산 주머니, 예비자산 주머니, 소비자산 주머니 등과 같은 여러 개의 자산 주머니를 가져야 한다. 실제로 이러한 주머니 역할을 하는 것이 통장이기 때문에 필자는 다음의 사례와 같은 5개의 통장을 가지고 자산을 관리할 것을 권고한다.

40대 초반의 나행복 씨와 김사랑 씨는 맞벌이 부부로서 초등학생에 다니는 두 자녀를 두고 있으며 매월 각각 400만 원과 300만 원의 급여를 받고 있다. 이 부부는 급여 통장, 예비비 통장, 생활비 통장, 투자 통장, 노후준비 통장을 마련하여 주기적으로 자산을 평가 관리하면 된다.

급여 통장

매월 일정 금액이 입금되는 급여 통장은 매월 소득이 모이는 통장이다. 급여 외에도 매월 들어오는 자금(부동산 임대료 등)도 급여 통장으로 들어오도록 한다. 급여 통장은 매월 우리 가족의 소득이 얼마인지를 체크할 수 있는 모든 자금의 통로가 된다. 나행복 씨 부부의 경우에는 매월 700만 원의 자금이 유입된다. 자영업자의 경우에는 사업체에서 창출되는 소득을 매월 급여 통장으로 이체하여 다음 단계를 진행하면 되겠다.

예비비 통장[3개월 ~ 6개월분 생활비]

예비비의 규모에 대한 정해진 답은 없다. 일반적으로 매월 생활비의 3개월에서 6개월에 해당되는 자금을 예비비로 확보할 것을 권고하는

데, 맞벌이 부부에겐 3개월 정도면 큰 무리가 없어 보인다. 예비비는 유사시에 활용해야 하는 돈이므로 수시 입출금이 가능하면서 상대적으로 금리가 높은 CMA 계좌를 활용하면 되겠다. 특별한 지출이 발생하여 예비비를 사용했다면 모자라는 금액만큼 예비비 통장에 입금하여 매월 일정 금액의 예비비가 유지될 수 있도록 한다. 나행복 씨 가족의 경우 수시 입출금이 가능하고 연 3.1% 금리가 제공되는 W-CMA 통장에 1,000만 원을 예비비로 유지하고 있다.

생활비 통장[월 소득의 40 ~ 50%]

월 생활비만큼 급여 통장에서 생활비 통장(소비 통장)으로 자동이체한다. 이때 생활비는 소득의 50%를 넘지 않도록 하는 것이 좋다. 나행복 씨 가족의 매월 생활비가 350만 원이라면 350만 원을 생활비 통장으로 자동이체하면 된다. 생활비 통장을 따로 구분하는 이유는 지출(소비)을 관리하기에 편하기 때문이다. 생활비 통장이 있다면 지난달보다 지출이 늘었을 때 쉽게 그 원인을 파악할 수 있다. 매월 고정적으로 지출되는 비용이나 자동차세, 재산세 등 계절성 비용의 문제인지 또는 경조사나 집안의 행사 등으로 일시적 비용이 지출되었는지 쉽게 확인할 수 있어서 지출관리가 한결 수월해진다. 저축성 보험이 아닌 가족의 위험보장을 위한 보장성 보험료도 생활비 통장에서 인출되도록 한다.

투자 통장[월 소득의 20 ~ 30%]

월 소득에서 예비비와 생활비를 이체하고 남은 잉여자금은 목적자금

마련을 위해 투자되어야 할 자금이다. 그 금액은 월 소득의 20~30%가 적당하다. 자녀 학자금이나 결혼 자금 및 주택마련 등의 용도로 투자되는 자금을 투자 통장으로 이체하여 적립식 펀드, ELS, 펀드, 채권 등의 투자가 이루어지도록 한다. 단, 노후준비를 위한 자금은 별도의 통장으로 따로 관리할 것을 권한다. 투자 통장에 모든 목적자금을 한꺼번에 관리할 경우 목적자금의 성격이 불분명해지고 상대적으로 뒤늦게 사용하게 될 노후준비용 자금이 다른 용도로 전용될 가능성이 높기 때문이다. 나행복 씨 가족의 경우에는 두 자녀의 대학 교육비 준비용으로 매월 100만 원(자녀 각각 50만 원)을, 자녀들이 성장함에 따라 5년 후 주택 확장 목적으로 매월 100만 원을 적립식 펀드 또는 ELS에 나누어 투자하면 된다.

노후준비 통장[월 소득의 20 ~ 30%]

나행복 씨는 700만 원의 소득 중에서 생활비(350만 원)와 투자(200만 원) 통장으로 인출된 자금을 제외한 150만 원 정도를 노후준비를 위해 활용하면 된다. 급여생활자로서 소득공제가 가능한 연금저축펀드에 매년 400만 원(월 34만 원)을 납부하고, 10년 이상 계약 유지 시 비과세 혜택이 있는 개인연금보험에 매월 100만 원씩 납입하면 된다. 노후준비 통장을 투자통장과 별도로 관리하는 것은 노후준비의 중요성을 고려하여 노후준비용 자산을 따로 분리하여야 함을 강조하기 위함이다.

CHAPTER 2

목적자금을
모으고 쓰는 것이 인생이다

론리 플래닛(Lonely Planet)의 창업자이며 '전 세계 배낭여행자의 아버지' 라 불리는 토니 휠러(Tony Wheeler)는 호주, 홍콩, 스위스 등 유명한 여행지부터 무스탱 왕국, 콩고, 북한 등 남들이 쉽게 가지 못하는 오지까지 39년 동안 세계 방방 곡곡을 누볐다. 그러한 그가 40여 년 가까이 여행하면서 느낀 것을 이야기한 적이 있다.

"세계 어딜 가나 사람 사는 모습은 똑같았다. 아이를 잘 키우는 것, 사랑하는 사람과 재미나게 사는 것이다."

사실 이것은 40년 동안 여행을 다녀야만 느낄 수 있는 것은 아닐 것이다. 태어난 곳이 다르고 문화적 토양이 다르다 하더라도 대부분의 사람들은 태어나고, 교육받고, 직업을 가지고, 결혼하고, 아이를 낳고, 은퇴하는 패턴을 따른다. 당연히 이때마다 돈이 필요하다. 따라서 우리가 예상할 수 있는 일들에 대해 하나씩 하나씩 미리 대비해놓는다면, 매순간 우리의 발목을 잡는 돈 걱정은 분명 줄어들 것이다. 한마디로 우리의 인생은 목적자금을 모으고 쓰는 과정이라 할 수 있는 것이다.

푸어의 시대를
헤쳐나갈 무기는?

워킹푸어, 샐러리푸어, 허니문푸어, 베이비푸어, 하우스푸어, 실버푸어

'푸어(poor)의 시대'를 살아가는 우리나라 사람들의 삶은 갈수록 팍팍하게만 느껴진다. 이런 생활 속에서 나온 푸념이 섞인 대화는 우리 주변 곳곳에서 만날 수 있다. 어느 중소기업 직원들이 점심을 먹고 잠시 쉬면서 나누는 대화 속으로 들어가 보자. 김 대리는 입사 5년차로 6개월 후에 결혼을 계획하고 있고, 이 차장은 입사 10년차며, 김 과장은 입사 8년차다.

이 차장 김 대리, 결혼 준비는 잘 되고 있어?

김 대리 결혼 날짜는 잡았는데, 예식 비용이랑 집 구하기가 만만치가 않

네요. 서울 시내에 전세를 구하려고 하니 너무 부담이 되어서 멀어도 경기도로 이사를 해야 할 것 같은데요. 예식 비용도 예상보다 몇 백만 원은 더 들 것 같고…… 걱정이 많습니다. 결혼하고 나면 대출이 많아서 애 낳는 것도 좀 미뤄야 하지 않을까 하는 생각도 있고요.

김 과장 나는 집은 안 사려고……. 베이비부머가 은퇴하고 나면 우리도 일본처럼 집값이 하락할 것 같아.

이 차장 아무튼 10년 전 우리 때랑 요즘 결혼하는 친구들이랑도 차이가 많아. 부모님 세대를 보면, 그때가 기회는 많았던 것 같아. 집이나 땅은 사두면 오르고, 주식도 삼성전자 같은 좋은 주식 사뒀으면 10~20년 동안 크게 오르고…….

김 과장 요즘은 집을 산다 해도 나중에 재산이 될 것 같지도 않아요. 생각해보면 예전이 부자가 될 기회는 많았던 것 같아요.

푸어의 시대는 고물가와 경쟁이 치열해지는 우리 사회의 한 단면을 보여준다. 사실 푸어의 시대는 절대적 빈곤의 문제가 아니라 상대적 빈곤에 대한 문제이다. 1970~1980년대는 지금보다 전체적인 국민소득은 낮았지만, 경제가 고속 성장을 해서 직업이나 투자에 대한 기회가 지금보다 훨씬 많았다. 취직할 사람보다 취직할 자리가 많았고, 좋은 곳에 위치한 아파트만 잘 사도 십수 년 후에는 충분히 매매차익을 거둘 수 있었다. 아버지 세대는 경제 성장의 수혜로 인생의 주요 이벤트를 상대적으로 수월하게 넘길 수 있었던 것이다.

하지만 고성장을 지나 저성장 국면으로 접어든 2000년대 이후부터 모든 세대의 삶은 팍팍해졌다. 낭만적인 대학생활은 학점 따기와 스펙 쌓기로 채워지고, 스펙을 쌓아도 취업 관문을 넘기가 쉽지 않다. 결혼이나 자녀 키우기, 주택마련에도 물가가 높아지면서 점점 더 많은 돈이 필요해지고 있다. 자녀가 부모를 봉양하는 문화도 사라지면서 노후준비에 대한 부담도 커지고 있다.

2000년대 이후 한국은 고성장에서 저성장 국면으로 들어섰다. 하지만 지나간 고성장 시대를 그리워하면서 불평만 하고 있을 수는 없다. 주어진 환경에서 최선을 다하는 것이 인생을 살아가는 최선의 방법이다.

다행히 우리에게는 복리의 혜택을 볼 수 있는 시간과 다양한 금융 상품이라는 무기가 있다. 시간과 금융 환경을 잘 활용하여 인생의 주요 이벤트를 더 편하게 넘을 수 있는 방법을 찾아보도록 하자.

02 행복한 인생은 목적자금에 달려 있다

결혼 자금, 차량 구입비, 넓은 평수로 아파트 넓히기, 자녀의 대학등록금, 자녀의 어학연수비, 부모님 해외여행비, 비상금, 노후준비, 종신보험, 건강보험, 태아보험 등 인생을 살아가는 데는 다양한 목적의 자금이 필요하며, 우리들은 다양한 목적자금을 모으고 쓰면서 인생을 보내게 된다. 여행비처럼 상대적으로 규모가 작아 단기간에 모을 수 있는 것도 있고, 주택마련처럼 규모가 커서 오랜 기간 돈을 모아야 하는 것도 있다. 대부분의 사람들에게 필요한 공통된 목적자금으로는 결혼 자금, 주택마련, 은퇴 비용 등을 들 수 있다.

목적자금이 필요할 때 곤란을 겪지 않기 위해서는 미리미리 목적자금을 준비해야 한다. 이를 위해서는 투자 목표를 분명히 하고 목표달성을 위한 투자 계획 수립이 선행되어야 한다.

목적자금은 자신의 필요에 맞춰 준비한다

우리의 목표는 행복한 삶이다. 행복한 삶을 위해서는 생애자산관리가 기본이 되어야 한다. 생애자산관리를 위해서 중요한 목적자금을 꼽아 보고, 정해진 개별 목적별로 필요한 자금을 큰 덩어리로 묶어보자.

일반적으로 목적자금은 크게 다음과 같이 나눌 수 있다.

- 결혼 자금 : 결혼 비용 준비, 전세 얻기
- 주택 자금 : 주택마련, 넓은 평수로 아파트 넓히기
- 자녀양육 자금 : 대학등록금, 어학연수, 태아보험, 세뱃돈 통장
- 은퇴준비 자금 : 노후준비
- 여유 자금 : 부모님 해외여행 보내드리기, 비상금, 중형차 구입, 결혼 20주년 기념
- 위험보장 자금 : 종신보험, 건강보험

목적에 따라 자금을 분류하게 되면, 투자 기간과 지출 빈도에 따라서 목돈을 만들고 굴릴 수 있다. 이를테면 주택마련과 결혼 자금은 한번에 목돈이 들어간다. 반면에 자녀양육은 자녀가 중학교에서 대학교를 졸업할 때까지 집중적으로 지출이 많아진다. 은퇴 준비는 준비 기간이 길고, 20년 이상 매월 유동성이 확보되어야 한다. 위험보장은 월 수입의 10%를 넘지 않는 선에서 지출되어야 하고, 주택마련 자금은 필요 자금 규모가 크다. 결혼 자금이나 자동차 구입비 등은 1회성 비용이지만, 자녀양육비는 계속해서 지출이 일어난다. 이렇게 목적자금

목적자금의 특징

(단위: 원)

	필요 시기	평균 필요자금	지출 빈도	준비 기간
결혼 자금	20~30대	9,000만 원	1회	20대
주택 자금	30~40대	3억 6,000만 원	전세 계약 또는 주택 구입 시	20~40대
자녀 양육비	30~40대	자녀 1명당 2억 6,000만 원	수시	20~40대
은퇴 자금	50대 이후	월 200만 원	정기	30~50대

은 필요한 시기와 자금규모, 지출 빈도, 준비 기간 등이 다르다. 또한 개인의 재정상황도 목적자금을 정하는 데 큰 영향을 미친다.

만일 자금을 분류해서 관리하지 않는다면, 돈을 쓸 때는 꼭 필요한 곳보다는 급한 곳에 돈을 쓰게 된다. 실제로 대부분의 30~40대는 노후준비 자금이 자녀양육비에 우선 순위를 내주고 있지만, 미래를 생각하면 노후준비 자금은 최소한 자녀양육비와 동일한 비중으로 준비되어야 한다.

목적자금에 맞는 금융상품을 선택하자

아시아 외환위기 이전에는 대부분의 사람들이 은행예적금을 활용하여 목돈을 만들었고, 고금리 상황 속에서 은행 통장만으로도 돈을 불려나갔다. 하지만 2000년대 이후 저금리 기조가 계속되면서 은행 예금에만 예치해서는 빠른 시간 안에 목적자금을 만들기가 쉽지 않게 되었다.

저금리 상황이 되자 자산관리 패러다임은 저축에서 투자로 움직였다. 기관투자자 중심의 주식형 펀드가 이제는 일반인들에게도 보편적인 투자수단이 되었고, ELS나 월지급식 상품 등 새로운 상품도 빠르게 대중들의 관심을 받고 있다(상품에 대한 자세한 내용은 3장 참고).

목적자금을 최대한 잘 굴리기 위해서는 새로 나온 금융상품을 효율적으로 이용하는 것이 중요하다. 스마트폰을 사용할 수 있는데, 굳이 2G폰을 고집할 필요가 없는 것과 마찬가지다. 금융상품도 IT제품처럼 더 편리하고 수익률을 높일 수 있도록 발전하고 있다. 본인의 상황에 맞는 금융상품을 똑똑하게 고르는 것도 목돈 만드는 시간을 줄일 수 있는 좋은 방법이다.

목적자금에 맞는 금융상품을 고를 때 가장 먼저 고려해야 할 것은 투자 기간이다. 즉 목적에 따라 짧은 시간 안에 모아야 할지 아니면 긴 시간을 두고 모아야 할지를 판단하여 금융상품을 골라야 한다. 다음과 같이 단기, 중기, 장기의 기간별로 목적을 나누고 그에 어울리는 투자 계획을 세우도록 하자.

단기자금[3년 미만]

출산준비금, 전세 보증금 인상분 등은 원금 손실이 생길 경우 곤란할 수 있기 때문에 단기자금의 성격으로 운용되어야 한다. 1년 미만의 단기자금은 일반적으로 CMA, MMF, MMDA 등에 예치하는 것이 은행의 보통예금보다 높은 금리를 받을 수 있다. 1~2년 정도의 단기자금은 시장 상황에 따른 자산 가치 변동이 작은 금융상품을 택하는 것이 좋으며, 원금보장형 ELS나 채권형 펀드, 채권혼합형 펀드 가입을 고려해 볼 만하다.

중기자금[3~6년]

주택 구입, 차량 구입 등은 3~6년 정도의 기간을 목표로 중기자금으로 계획하는 것이 일반적이다. 주택 자금은 기본적으로 주택청약종합저축과 정책자금 대출을 이용하고, 종잣돈 및 여유자금은 주식형 펀드를 비롯한 투자상품을 통해 장기 수익률을 높이도록 해야 한다.

장기자금[6년 이상]

노후준비, 자녀교육비 등은 6년 이상의 투자기간을 필요로 하며, 장기투자에 적절한 금융상품을 선택해야 한다. 30대 초반에 노후자금을 미리 준비하는 경우는 흔하지 않지만, 30대의 장기자금 준비 여부가 30년 후 생활의 질을 크게 좌우하게 된다는 것을 잊어서는 안 된다. 복리효과를 보기 위해서는 하루라도 빨리 노후준비를 시작해야 한다.

인생은 이벤트의 연속이다

인생은 과정을 즐기는 긴 여행이다. 취업하고 결혼하고 자식 낳아 기르는 과정 자체가 인생의 한 부분이다. 소소한 일상을 채워 나가고, 차근차근 인생의 크고 작은 이벤트를 해결해 나가면서 인생은 흘러간다. 특히 재무 이벤트를 얼마나 잘 준비하느냐에 따라 삶의 질이 결정되기 때문에 목적자금 준비의 중요성은 아무리 강조해도 지나치지 않다.

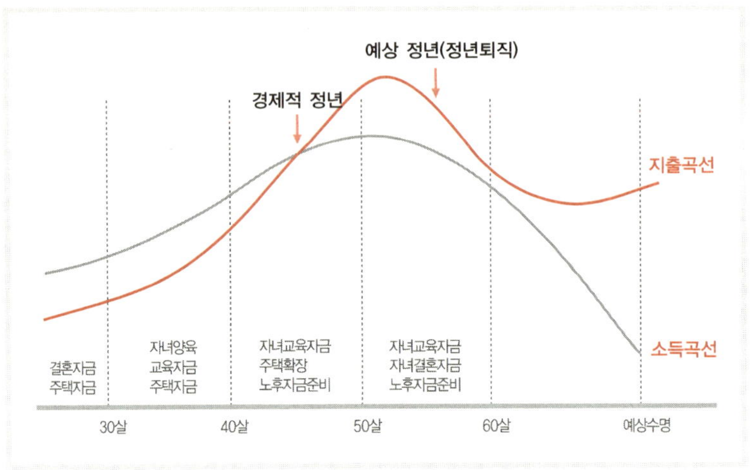

자료: 동양증권 리서치센터

그렇다면 이제 살아가는 데 있어서 가장 우선적으로 준비해야 할 재무 이벤트는 어떤 것이 있고, 어떻게 준비해야 할지를 하나씩 알아보도록 하자.

03 결혼,
그 첫 단추가 중요하다

결혼은 인륜지대사(人倫之大事)로, 자녀 입장에서는 새로운 가정을 꾸림으로써 부모로부터 경제적으로 독립하고 자기 인생의 자산관리를 시작하는 중요한 계기가 된다.

점점 높아지는 결혼 연령

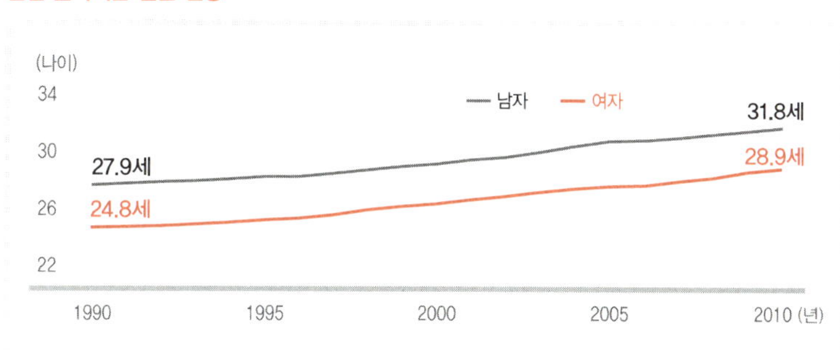

자료: 통계청, 동양증권 리서치센터

교육 수준이 높아지고 취업 연령이 높아지면서 결혼 연령 또한 높아지고 있다. 여성들의 사회 진출 증가도 결혼 연령을 높이는 원인이 되고 있다. 예전에는 남녀 모두 20대 말에서 30대 초까지 결혼하는 경우가 많았지만, 이제는 30대 중·후반까지 결혼이 늦춰지는 경우가 많다.

결혼 결정과 함께 돈 걱정이 생기고

한국 사회에서는 부모가 자녀의 결혼 자금을 준비하는 것이 일반적이었다. 하지만 결혼 연령이 늦어짐에 따라 자녀가 부모에 의지하지 않고 스스로 결혼 자금을 준비하는 경우가 점차 늘어나고 있다.

주택 가격이 높아지고 결혼 비용에 대한 부담이 점점 늘어나고 있기 때문에, 미혼일 때부터 계획적인 자산관리를 통하여 안정적인 생활의 발판을 만들어야 하는 필요성이 높아지고 있다. 결혼 자금 준비 정도에 따라서 수도권이 아닌 서울의 주택으로 시작할 수도 있고, 주택의 평수가 더 넓어질 수도 있다.

다음은 직장인 김연수 씨가 최근 결혼날짜를 잡고 고등학교 동창들과 저녁식사를 하는 자리다. 김연수 씨와 이지원 씨는 직장생활 8년차이고, 고은정 씨는 직장을 다니다 대학원에 다니고 있다.

연수 얘들아, 나 결혼하기로 했어.

지원 어머, 축하한다, 얘. 너희 처음 만날 때부터 결혼할 것 같은 감이 들더라.

 그래, 처음 만날 때부터 서로 많이 좋아했잖아. 근데 결혼식은 언제야?

 아직 정해진 게 없어. 스드메(스튜디오 촬영+드레스+메이크업)만 해도 작년에 없던 투어비까지 생기고, 300만 원은 있어야 괜찮은 데서 할 수 있을 것 같아. 게다가 금이랑 다이아몬드도 값이 올라서 예물값도 만만치 않을 것 같고……. 살림살이는 집 구한 다음에 알아보려고.

 나 결혼할 때만 해도 스드메는 250만 원이면 괜찮은 데서 할 수 있었는데, 1년 만에 50만 원 정도는 올랐나 봐.

 연예인처럼 베라왕 드레스 입고 호텔 예식은 못해도, 결혼에 대한 로망은 있는데 말이야. 그렇다고 물 한 그릇 떠놓고 대충 할 수도 없으니 걱정이야.

 집은 어디에 구할 건데?

 아직 모르겠어. 다행히 남자친구가 선배들 얘기 듣고 돈 모아둔 게 있어서 시댁이나 우리집으로는 안 들어가도 될 것 같아. 다행이지 뭐. 대신 서울에 전세 구하기는 힘들 것 같고, 경기도 쪽으로 알아보려고 해.

결혼 비용은 얼마나 들까?

결혼 비용에는 결혼식 비용과 주택마련 비용, 혼수 등이 포함되기 때문에 만만치 않은 금액이 필요하다. 2010년 여성가족부의 설문조사에 따르면 남자의 경우 8,078만 원, 여자의 경우 2,936만 원이 필요한 것으로 조사되었다. 참고로, 결혼정보업체인 선우의 한국결혼문화연구소의 2009년도 결혼 비용 설문조사에 따르면 신랑은 1억 2,902만 원, 신부는 4,640만 원이 필요한 것으로 나왔다.

통상적으로 주택은 신랑 측에서 준비하지만, 주택 가격 상승에 따라 신부 측에서도 주택마련 자금의 일부를 부담하는 경우가 늘어나고 있다. 위의 조사에서 신랑은 신혼집 마련을 위해 6,465만 원을 신부는 512만 원을 평균적으로 지출한 것으로 나타났다.

2011년 상반기 신입사원의 평균 연령(남 27.6세, 여 25.5세)과 평균 결혼 연령(남 31.8세, 여 28.9세)을 살펴보면, 일반적으로 취직 후 약 4년을 전후로 결혼을 하는 경우가 많다(잡코리아, 통계청 조사).

앞서 2010년 여성가족부의 설문조사에 따르면 남자의 경우 8,078만 원이 결혼 자금으로 필요하다고 조사되었는데, 결혼 비용 상승률을 3%로 가정한다면, 현재의 8,000만 원은 4년 후 약 9,000만 원 정도가 될 것이다. 새내기 직장인 남성이 본인의 힘으로 4년 후 약

신혼부부 평균 결혼비용

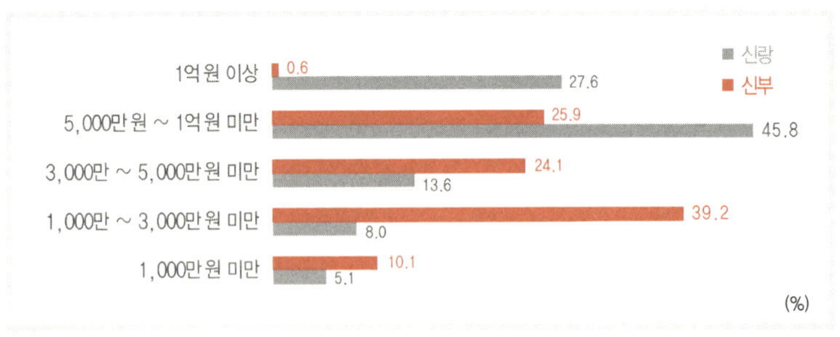

자료: 여성가족부

9,000만 원을 마련하는 것은 결코 쉽지 않다. 물론 부모님이 경제적 여유가 있다면 좋겠지만, 그렇지 않은 경우에는 스스로 최대한 빨리 준비를 시작해야 한다. 일정 조건에 해당되면 정책적으로 지원되는 국민주택기금의 전세자금대출을 활용하는 방법도 추가로 생각해볼 수 있다.

28세에 취업을 하고 4년 후인 32세에 결혼한다고 가정하면, 4년 동안 약 9,000만 원을 모으기 위해 어떻게 해야 할까? 투자수익률에 따라 9,000만 원을 모으기 위해 필요한 월별 투자금액은 다음과 같다.

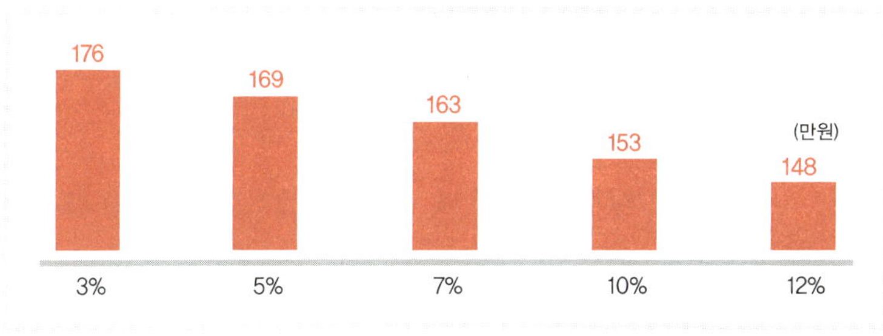

자료: 동양증권 리서치센터

투자수익률을 연 12%로 가정한다면 월 148만 원이 필요하고, 투자수익률이 연 3%라고 가정하면 월 176만 원을 투자해야 한다.

투자수익률에 따라 4년 후 적립되는 자금의 규모가 달라지겠으나, 대략 월 160만 원 내외의 자금을 4년간 투자할 경우 9,000만 원에서 1억 원 정도를 마련할 수 있다. 전세가격(또는 매입가격) 및 물가상승률에 따라 비용이 증가될 수도 있겠지만 미리 결혼에 필요한 자금을 모아 두었다면, 실제 결혼 준비를 위한 부담은 크게 줄일 수 있다.

결혼 자금은 어떤 금융상품에 투자해야 하나?

결혼 자금은 다른 목적자금보다 시의성과 안정성이 중요하다. 6개월 후에 결혼을 해야 하는데, 지금 사용할 수 있는 자산이 없다면 매우 곤란해질 수 있다. 최악의 경우, 결혼 자금이 준비되어 있지 않으면 결혼을 미룰 수밖에 없다.

다음은 대학 친구인 김정훈 씨와 구지석 씨의 대화 내용이다. 이들은 대학에서 컴퓨터공학을 전공하고 졸업 후 각각 대기업에 취직하였다. 각자 바쁘게 살다가 오랜만에 퇴근 후 만나서 그간의 이야기를 하고 있다.

정훈 오랜만이다. 잘 지냈어?

지석 나야 그냥 그렇지 뭐. 근데 너 지난 가을에 하려던 결혼 미뤄서 내년 봄 정도에 한다고 하지 않았냐? 준비 잘 되어가?

정훈 나 여자친구랑 헤어졌어.

지석 아니 왜?

정훈 여러 가지 문제가 있어서.

지석 아니 뭔데? 얘기 좀 해봐.

정훈 결혼 준비 좀 빨리 하려고 중국 펀드에 투자했다가 30% 손실이 나서 빼지도 못하고 있는데, 결혼을 미루면서 여자친구랑 싸움도 하게 되고 그러다가 없던 일로 되어 버렸다.

지석 그랬구나. 인연이 아니라고 생각해라. 술이나 마시고 털어 버려.

사례의 정훈 씨처럼 단기로 운용해야 할 자금을 공격적으로 투자하여 손실을 보게 되면, 결혼 시기를 늦추게 되는 불상사가 생길 수 있다.

결혼 자금은 필요한 시점이 정해져 있기 때문에 투자 가능 기간을 감안하여 안전자산과 함께 수익률을 높일 수 있는 위험자산 투자 비중을 결정해야 한다. 투자자 성향에 따라 위험자산의 비중은 달라지겠으나, 대략 50% 내외를 주식형 펀드, ELS 등에 투자하여 결혼 자금을 모으는 방법을 권한다.

1~2년 후 결혼을 하게 될 경우에는 안정성을 중요하게 생각하여 금융상품을 선택해야 한다. 원금이 보장되는 원금보장형 ELS, 정기적금과 안전한 채권혼합형 펀드(주식투자 비중 30% 이하)는 상대적으로 안정성이 높다. 결혼 계획을 3~4년 후에 세운 경우라면, 수익성을 감안한 금융상품을 골라 목돈을 만들어야 한다. 목돈을 만들기 위해서는 전문가의 도움을 받아 주식에 직접 투자하거나 적립식으로 주식형 펀드에 투자하는 방법이 있다.

결혼 준비에서 가장 큰 부분을 차지하는 주택마련은 준비한 종잣돈만으로는 충분하지 않기 때문에 대출 상품을 이용하는 것이 일반적이다. 대출 상품은 우선적으로 국가에서 신혼부부를 위해 제공하는 정책자금을 이용하는 것이 유리하다.

04 주택마련, 길게 보고 융통성 있게

의식주(衣食住)라는 말이 있을 정도로 주택은 옷이나 음식만큼 우리가 살아가는 데 꼭 필요하다. 하지만 고성장기를 거쳐온 한국 사회에서는 주거의 목적보다는 투자의 목적이 중요시되었다. 그동안 이어져 온 부동산 불패신화로 인하여 한국 장년층의 자산에서 부동산이 차지하는 비중이 상당히 높다.

다음은 전세계약 만기가 다가와서 이사를 가야 할 처지가 된 철호네 가족의 이야기다. 철호네 가족은 수도권 30평형대 아파트에 네 식구가 살고 있다. 철호 아빠는 중소기업에 다니고 있고, 철호 엄마는 결혼 11년차인 전업 주부이다.

철호 엄마 철호 아빠, 집주인한테서 오늘 전화 왔어. 내년 5월 전세계약 만기 때 다시 이 집으로 들어와야 될 것 같으니 집 비워달라고.

철호 아빠 벌써 2년이 됐나? 또 골치 아프게 생겼네.

철호 엄마 벌써 몇 번째 이사를 하는지.

철호 아빠 요즘 전세 구하기가 하늘의 별 따기라던데, 그렇다고 월세로 들어갈 수는 없잖아.

철호 엄마 좀 무리를 해서라도 그냥 집을 살까?

철호 아빠 베이비부머가 은퇴하면서 일본처럼 집값이 계속 떨어질 수도 있다던데……. 그렇다고 2년마다 계속 이사를 다니기도 번거롭고……. 아무튼 더 알아보고 고민 좀 해보자.

한국, 미국, 일본 베이비부머의 자산 중에서 실물자산(부동산 포함)의 비중을 살펴보면, 한국의 베이비부머가 실물자산 투자 비중이 가장 높다. 고도 성장기 동안 줄곧 부동산은 일단 사놓으면 가격이 떨어지는 경우가 드물었기 때문에 우리나라 투자자들에게는 '부동산 불패' 신화까지 생겼다.

하지만 부동산 자산은 기본적으로 환금성이 떨어지고, 시대 환경의 변화로 자산가격의 상승가능성이 크지 않다. 특히 은퇴 이후에는 자녀의 분가로 넓은 주택이 더 이상 필요 없게 되는 경우도 늘어나고, 생활비로 쓸 자금이 필요하기 때문에 부동산 자산을 줄여서라도 금융자산을 마련하려는 경우가 많아지게 된다. 은퇴자 대부분이 비슷한 상황에 놓이게 되면 주택을 사려는 사람보다 팔려는 사람이 많아지게 될 것이다.

자료: 금융투자협회/한국, 미국 2010년 기준, 일본 2009년 기준

부동산 불패 신화는 없다?

최근 우리나라에서 이슈가 되는 저출산, 고령화 등은 부동산 시장에 부정적 영향을 줄 수밖에 없다. 일본도 1990년대 주택 가격 폭락의 원인 가운데 하나로 베이비부머의 은퇴를 꼽고 있다. 우리나라도 장기적으로 경제 활동 인구가 감소세를 보일 전망이므로 과거와 같은 부동산 가격의 상승은 다시 기대하기 어려울 것이다.

현재 우리나라의 가계 부채는 900조 원에 육박한다. 이 중에서 가장 큰 비중을 차지하고 있는 주택담보대출은 약 380조 원이다. 그만큼 우리나라 가계는 2000년대 부동산 가격 폭등 이후 부동산 관련 부채 부담이 커졌다. 정상적인 급여생활자로서는 축적할 수 없는 규모의 부를 일부 투자자들이 부동산 투자를 통해 축적함에 따라 많은 이

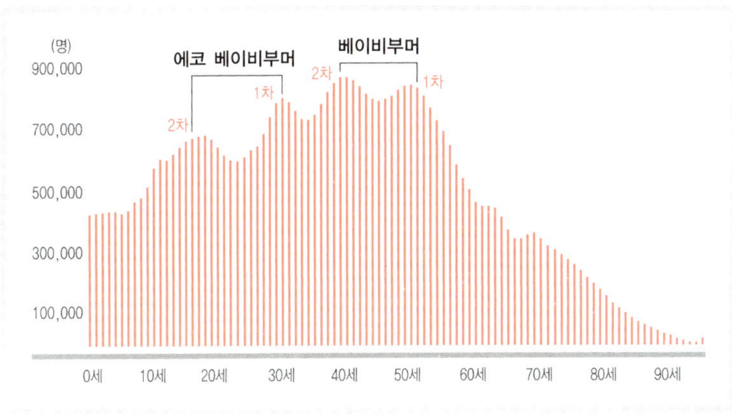

자료: 통계청

들이 거액의 대출을 받아 주택을 구입하였다. 이 때문에 많은 가정에서 부동산 관련 대출금의 원리금 상환비용이 자녀양육 및 노후준비를 위해 배분되어야 할 자금을 줄이고 있다. 일부 가정의 경우에는 고정적으로 지출되는 원리금 상환액과 생활비가 소득을 초과하는 상태가 되었고, 과다한 부동산 담보대출은 신용대출, 마이너스 통장 등의 고금리 대출로 이어지고 있다. 하지만 최근 들어 부동산, 특히 아파트가 더 이상 투자 대상이 아닌 실거주 자산이라는 인식이 확산되고 있고, 부동산 시장의 가장 핵심변수 중 하나인 우리나라 인구구조 또한 부동산 시장에 비우호적으로 변하고 있다. 더 이상 대규모 부채를 동원한 부동산 구입이 자산관리의 효율적인 방안이 될 수 없는 경제구조로 변화하고 있다는 신호다. 부동산 가격 상승이 크게 기대되지 않는 경제 환경을 이해하고, 주택마련을 할 때는 경제적인 부담이 너무 크지 않도록 조절하는 지혜가 필요하다.

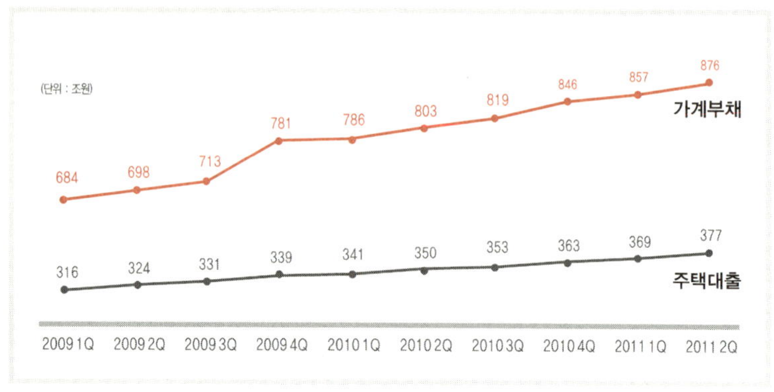

자료: 통계청

그래도 주거를 위한 주택은 필요하다

투자자산으로서의 가치가 떨어진다 하더라도 주거를 위해 주택은 꼭 있어야 한다. 하지만 부동산 자산에 대한 전망이 밝지 않은 상황에서 예전처럼 무리하게 대출을 해서 살 필요까지는 없다.

2011년 8월 기준 전국 주택의 평균 매매가격은 2억 6,000만 원이며, 평균 전세가격은 1억 3,000만 원이다. 수도권 주택을 사기 위해서는 평균적으로 3억 6,000만 원은 있어야 한다. 일반적으로 정해진 수입 하에서 생활비 등을 지출하면서 마련하기는 버거운 수준이지만, 투자기간에 맞추어 적합한 금융상품에 투자하면 주택마련 시기를 줄여나갈 수 있다.

주택마련은 목돈이 필요하기 때문에 장기적인 재무계획을 세워서 준비해 나가야 한다. 일반적으로 주택마련은 신규 주택의 분양이나

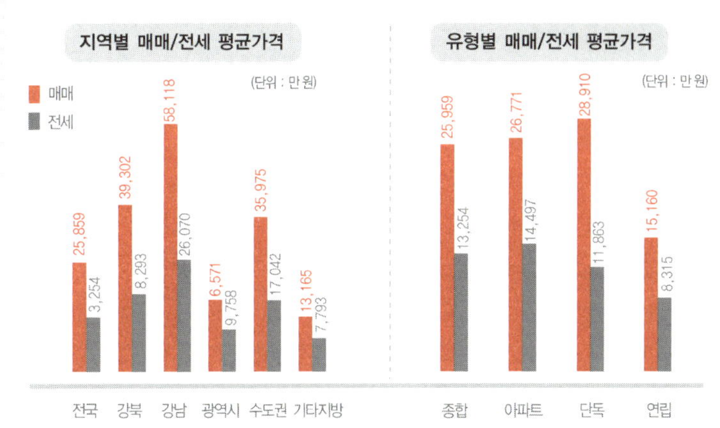

자료: 국민은행

기존 주택의 구입으로 나뉘며, 주택마련 이전에는 월세나 전세를 구하게 된다. 어느 정도의 목돈을 준비하고 부족한 부분은 대출로 충당한다. 주택청약종합저축으로 신규 주택의 청약을 준비하는 것도 빼놓을 수 없다.

2004년 통계청 자료에서는 평균 주택마련 소요기간이 10년으로 나와 있으며, 그 기간은 점점 길어지고 있다.

주택마련 자금은 준비기간이 길기 때문에 자금을 마련하기 위해서 융통성을 가지고 계획을 세울 수 있다. 일반적으로 신규주택 분양을 위해서는 주택청약종합저축을 준비해야 하고, 주식형 펀드나 ELS 등으로 모은 목적자금으로 주택구입과 전세금마련을 위해 목돈을 모아나가야 한다.

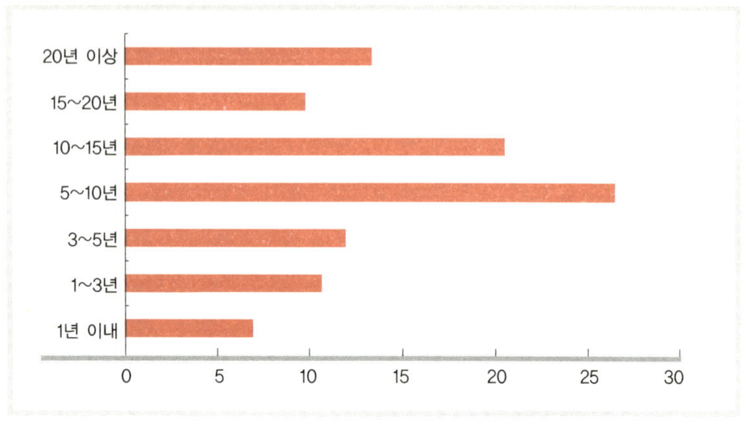

자료: 통계청, 2004년 조사

정책을 100% 활용하자

가장 대표적인 것으로는 주택청약종합저축과 국민주택기금의 대출상품을 들 수 있다.

주택청약종합저축에 가입하면 신규 주택, 임대 및 장기전세주택 등을 분양 받을 수 있는 권리가 생긴다. 주택구입 자금을 마련하기 위해서는 가장 먼저 준비된 자금의 규모를 파악하고, 국민주택기금을 통한 자금 조달 가능성을 알아봐야 한다. 정책적으로 가장 저리로 주택 관련 자금을 융통해주는 곳이기 때문이다. 현재 국민주택기금을 통한 주택구입 자금대출은 4% 초반~5% 초반대이고 일정 기준에 해당하는 근로자의 경우 8,000만 원까지 4% 초반대로 전세자금 융자가 가능하다. 경제 상황에 따라 대출 조건이 완화되거나 정책 자금이 새로 설정될 때가 있으니 관련 뉴스를 놓치지 말아야 한다.

수익률을 조금이라도 높여 목돈을 빨리 모으자

주택마련 기간을 줄이기 위해서는 금융자산의 수익률을 조금이라도 높이려는 노력이 필요하다.

수익률 제고 효과를 이해하기 위해서는 72의 법칙을 써보는 것도 좋은 방법이다. 72의 법칙은 72를 연 복리수익률로 나누어 원금의 2배가 되는 기간을 쉽게 알 수 있는 법칙이다. 1,000만 원을 연 8%로 투자하면 9(72/8)년 만에, 4%의 수익률이면 18년(72/4) 만에 원금의 2배인 2,000만 원을 만들 수 있다. 1%의 수익률이라도 높여야 하는 이유가 바로 여기에 있다.

그럼 5년 후 1억 원을 만들기 위해서는 매월 얼마만큼의 투자(저축)가 필요할까? 투자수익률에 따라 다르겠지만 약 7%의 수익률일 경우 월 140만 원씩 투자(저축)해야 하고, 10%의 경우 월 130만 원씩 투자(저축)해야 한다.

주택 자금을 마련하기 위해 이용할 수 있는 대표적인 금융상품으로는 주식형 펀드와 ELS를 들 수 있다. 주택마련을 위한 종잣돈은 주식형 펀드 적립식 투자나 ELS 등을 통해 불려나가는 것이 좋다. 주식 시장은 상승구간과 하락구간이 존재하기 때문에 단기자금을 투자하게 되면, 하락기간에서는 손실이 생길 수 있다. 하지만 5년 이상의 중장기 투자 시에는 경기 회복 구간이 포함되어 목표 수익률을 달성할 가

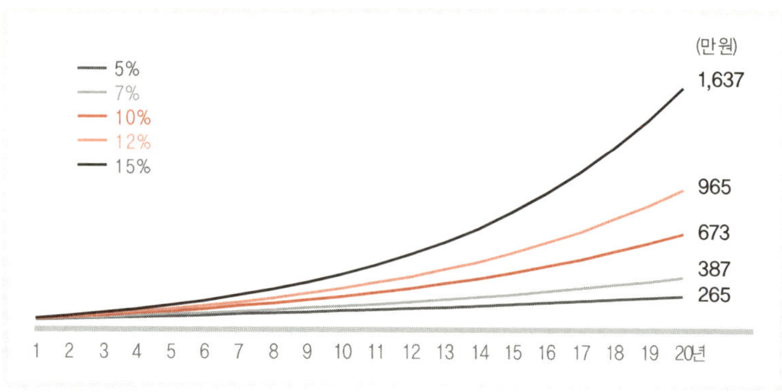

자료: 동양증권 리서치센터 / 최초 투자금 100만 원 가정

능성이 높아진다. 주식형 펀드에 투자하기 전에 목표 수익률과 목표 투자기간을 설정하고, 목표 수익률이 달성될 경우에는 환매를 해서 이익을 실현하도록 한다.

ELS도 안정성과 수익성을 동시에 만족시킬 수 있기 때문에 주택마련을 위한 좋은 수단이 될 수 있다. 일반적인 ELS의 투자수익률은 낮게는 연 7~8%에서 높게는 20% 내외까지 가능하다. 투자기간은 대체로 짧게는 1년에서 길게는 3년 정도이고 대부분의 상품이 2~3년은 투자해야 한다.

위험에 민감한 투자자라면 ELS원금보장형을 택하고, 위험을 어느 정도 감수할 수 있는 투자자라면 ELS원금비보장형을 택하면 된다. 기초 자산 가격의 움직임에 따라 다양한 형태의 상품이 나오고 있기 때문에, 전문가의 도움을 받는다면 1년 10% 정도의 수익률을 올릴 수 있는 상품을 고를 수 있을 것이다.

05 자녀양육비, 최적점을 찾자

"어머니는 자식의 친구들이 어떤 특별한 성공을 하면 그 친구들을 시기하기 쉽다. 어머니는 대개 자기의 자식을 사랑하기보다 자식 속의 자기를 사랑하고 있다."

이 말은 철학자 니체(Nietzsche)가 한 말이다. 사실 우리는 이런 모습의 부모를 주변에서 너무도 흔하게 볼 수 있다. 자신이 이루지 못한 것을 자녀가 해주기를 바라는 마음에서 자녀를 교육시키는 사람들이다.

필자가 만난 윤아네 부모도 마찬가지다. 이제 막 7살이 된 윤아는 유치원, 영어학원, 피아노학원에 다니고 있고 집에서 학습지를 구독하고 있다. 엄마는 윤아가 다른 아이들보다 우수해지기를 원하지만, 아빠는 아이답게 유아기를 즐기면서 살아가기를 바란다. 아빠는 아이 교육만큼 부부의 노후 문제도 중요하다고 생각하지만, 엄마는 자녀교육비가 생활비에서 최우선이라고 생각한다. 이러한 생각의 차이 때문에 평소에도 자녀양육비와 관련하여 부부 사이에 갈등이 있는 편이다.

윤아 엄마 윤아 아빠, 아무래도 윤아를 발레학원에 보내야겠어. 여자앤데 발레를 하면 몸매가 이뻐진대.

윤아 아빠 애 좀 편하게 놔 둬. 유치원, 영어학원, 피아노 학원에 학습지까지 하는데 발레까지 시킨다고? 언제 쉬고 언제 놀아.

윤아 엄마 나만 유난 떠는 거 아니야. 다들 그만큼은 시켜. 오히려 더 시키는 사람도 많아. 그에 비하면 난 기본만 시키고 있는 거라고. 학원 안 보내다가 윤아만 뒤떨어지면 어떡해.

윤아 아빠 이제 7살인데 이만큼 시키면, 나중에는 얼마나 시키려고 그래. 윤아도 윤아지만 돈은 걱정 안 돼? 중·고등학교에 들어가면 돈을 얼마나 쓰려고 그래. 대학교 등록금도 1년에 1,000만 원 가까이 든다는데 대학등록금은 준비 안 할 거야?

윤아 엄마 그것도 해야지. 근데 요새는 교육비가 왜 이리 많이 들어. 이러니 자식을 한 명 이상 낳을 수가 없는 거야.

대학까지 교육시키는 비용 2억 6,000만 원

자녀양육비는 교육비에서부터 자녀의 결혼 비용까지 자녀를 키우는 데 들어가는 모든 비용이 포함되어 있다. 한국보건사회연구원의 자료

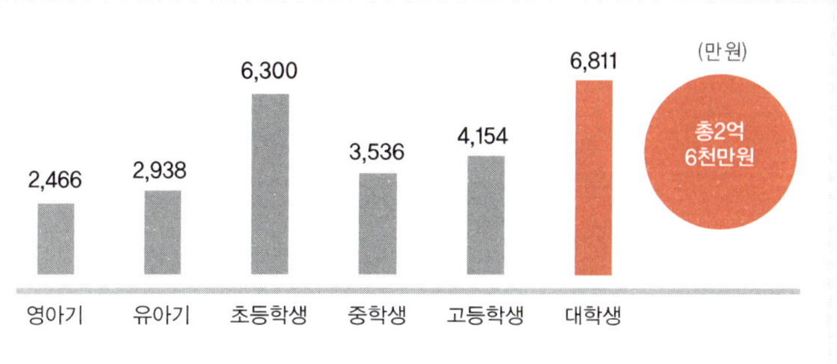

자료: 한국보건사회연구원, 휴학/재수/어학연수 등은 미 고려

에 의하면 우리나라에서 자녀 한 명을 낳아 대학교를 졸업시키는 데 약 2억 6,000만 원의 돈이 필요하다고 한다.

부모들에게 부담이 되는 것은 대학 등록금만이 아니다. 초등학교 이전부터 사교육비 부담은 본격화된다. 통계청에서 전국을 대상으로 조사한 결과에 따르면, 우리나라 학생들의 사교육 참여율은 73.6%에 이른다. 월평균 사교육비도 초등학생 24만 5,000원, 중학생 25만 5,000원, 고등학생 26만 5,000원이다.

학생 1인당 사교육비를 보면, 월평균 20~30만 원을 지출한 학생이 18.1%로 가장 많으며, 50만 원 이상 지출한 학생은 11.8%, 10만 원 미만 지출한 학생은 9.7%로 나왔다. 대학교 등록금과 결혼 비용도 부담이 되지만, 7살 때부터 들어가는 사교육비에 대한 부담도 만만치 않은 상황이다.

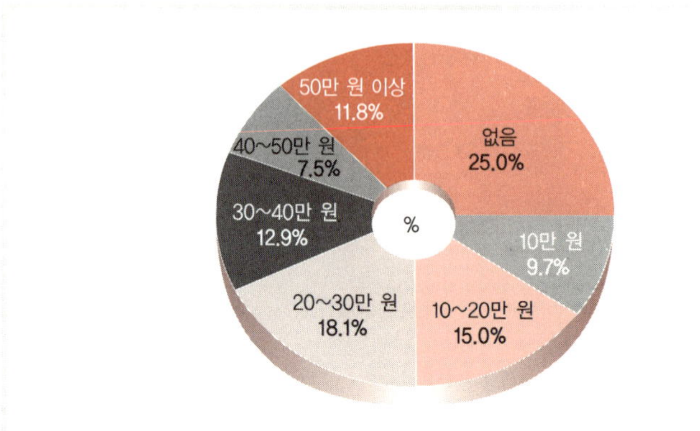

자료: 통계청

물가상승률의 2배인 등록금 인상률

'반값 등록금'이 사회적 이슈로 부각된 사실에서 알 수 있듯이 대학 등록금 문제는 대부분의 가정에 큰 부담이 되고 있다. 한국보건사회 연구원 자료에서도 대학교 4년간의 교육비가 6,811만 원으로 전체 자녀양육비 중에서 가장 큰 비중을 차지하고 있다. 이 조사가 2009년을 기준으로 작성되어 있기 때문에 향후 대학 진학을 준비 중인 자녀가 있는 가정에서는 아마도 더 많은 자금이 필요할 것이다.

현재 우리나라의 등록금 규모는 사립대학의 경우 연간 670만 원에서 1,050만 원에 달하고, 국공립대학의 경우에도 360만 원에서 720만 원 정도가 든다. 사립대학을 기준으로 지난 11년간의 등록금 인상률은 물가상승률의 2배에 가까운 연평균 4.96%였다. 임금 상승분이 교육비 증가율을 따라오지 못하고 있는 것이다.

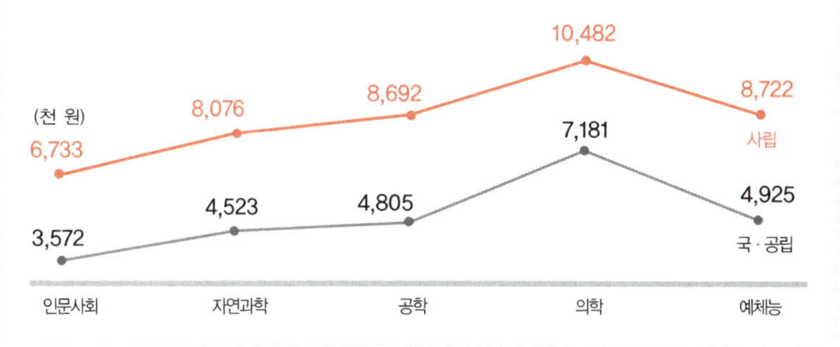

자료: 교육과학기술부, 대학알리미

현재의 연간 등록금을 사립대학 평균치인 860만 원을 기준으로 하고 연평균 등록금 인상률을 5%로 가정할 경우, 두 자녀가 각각 4년 후, 6년 후에 대학에 진학했을 때 필요한 연간 대학 등록금은 1,049만 원과 1,152만 원이다. 두 자녀의 대학등록금으로 약 9,485만 원이 필요해지는 것이다. 등록금 외에 책값과 용돈 등의 생활비를 고려하면 그 비용은 1억 원을 훌쩍 뛰어넘을 것이다.

자녀양육비에는 결혼 자금도 들어있다

자녀양육비하면, 흔히 교육비만을 생각하기가 쉽다. 하지만 좀 더 길게 생각해보면, 자녀의 주택 구입비 등의 결혼 자금도 장기적으로 준비해야 하는 자녀양육비에 포함된다. 자녀의 결혼도 일시에 목돈이 들어가기 때문에 미리 준비해놓을 필요가 있다.

개인별 상황이 다르겠으나 자금 규모를 예상하고 준비해야 하는 부

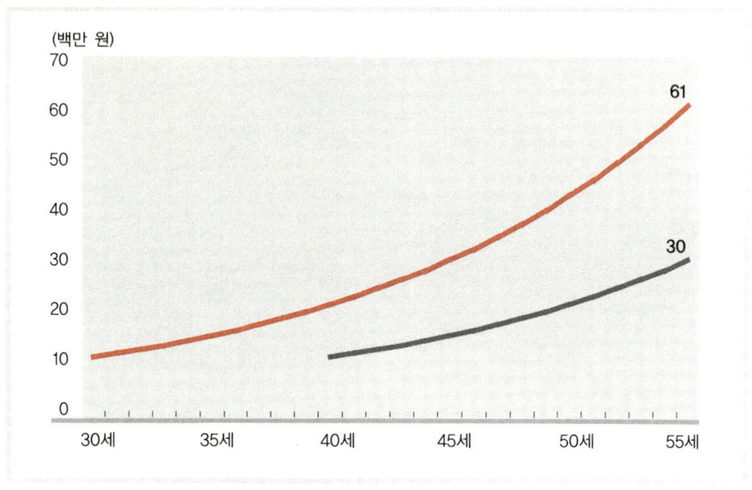

* 연평균 7% 수익률 가정, 30세와 40세에 각각 1,000만 원 투자

모의 입장에서는 최근의 결혼 관련 평균 비용 추이를 참고할 수 있다. 2010년 여성가족부의 설문조사에 따르면 남자의 경우 8,078만 원이 결혼 자금이 소요되었다. 10년 이상 이후에 있을 자녀의 결혼 자금은 물가상승까지 감안한다면 더 늘어나게 된다. 자녀의 결혼 자금도 빨리 준비를 시작해야 하는 이유다.

같은 1,000만 원이라도 30세와 40세에 투자했을 때의 결과는 2배 가까이 차이가 난다. 지금부터 외식 한 번 덜하고 매월 10만 원씩 자녀를 위해 주식형 펀드에 투자하게 되면 얼마가 모일까? 연평균 7%의 수익률을 가정한다면 20년 후에는 5,000만 원이 넘는 돈을 모으게 된다. 한 달에 10만 원씩 모은 것이 20년 후에는 복리 마술의 힘으로 큰 목돈이 될 수 있다.

등록금과 결혼 자금은 주식형 펀드로 준비하자

자녀에게 들어가는 돈은 자녀가 커가면서 꾸준히 들어가는 양육비와 한꺼번에 목돈으로 들어가는 등록금 및 결혼 자금으로 나누어 준비해야 한다. 양육비 중 교육비는 전체 생활비에서 너무 많은 비중을 쏟지 않도록 해야 한다. 30~40대 자산관리의 핵심은 자녀의 교육비와 부모의 노후 자금을 어떻게 조절하는가에 있다. 자녀의 교육비는 신성불가침의 영역으로 생각하고, 부모의 희생을 당연한 것으로 치부하는 경우가 많다. 하지만 자녀의 교육비는 부모의 노후 자금을 훼손하지 않는 범위 내에서 지출해야 하는 것이 원칙이다.

자녀교육비 등 자녀와 관련된 목돈은 장기적으로 준비해나갈 수 있으며, 주식형 펀드로 접근해나갈 것을 권유한다. 주식은 위험성이 높은데, 과연 주식형 펀드에 투자를 해도 되는지 의문을 가진 사람들도 있을 것이다. 하지만 장기자금을 주식 등 위험자산에 투자하는 이유는 투자기간이 길수록 가장 효과적인 결과를 기대할 수 있기 때문이다. 위험자산의 적정 투자비중을 '100-현재 연령'으로 표현하는 것도 동일한 의미라 할 수 있다.

변동성이 높은 자산일수록 장기적으로 투자하면 투자위험을 분산시키고 높은 수익률을 기대할 수 있다. 실제로 과거 10년 동안 (2001~2011년) KOSPI의 연간수익률을 살펴보면 2005년 54.0%, 2008년에는 −40.7%로 연도별 편차가 크게 나타났으나, 연평균 수익률로 환산할 경우 매년 15.1%의 성장이 이루어졌다. 실제 2001년 초 주식에 투자하고 10년 동안 보유했다면 원금의 4배 이상으로 자산이 증가

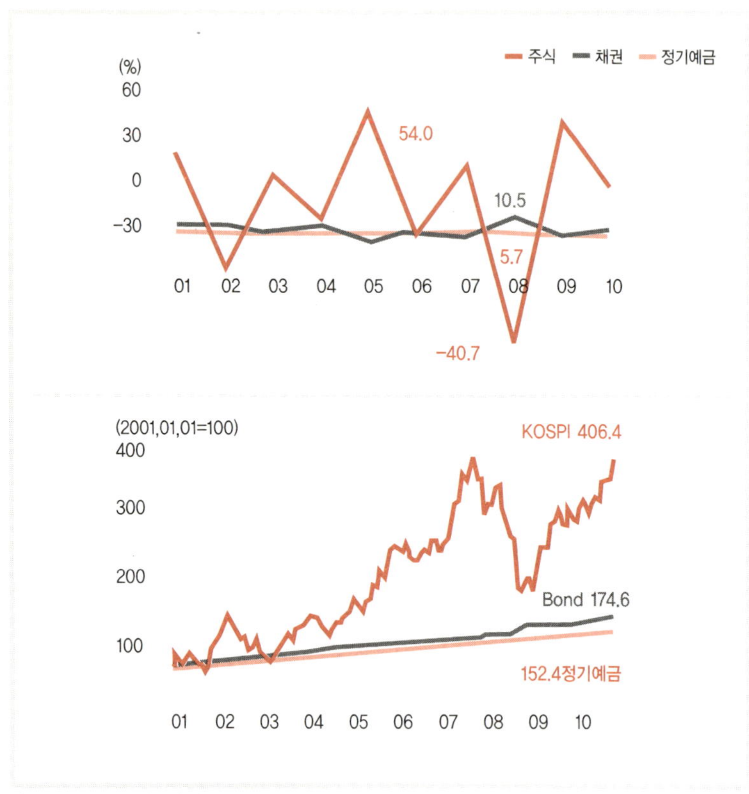

자료: Datastream, 한국은행, 동양증권 리서치센터
* 주식-KOSPI, 채권-KSDA 1~3년, 정기예금-금리

하였다.

주식 시장은 변동성이 높기 때문에 자금의 환매 시점이 수익률을 크게 좌우한다. 따라서 꾸준하게 투자한 후, 자녀의 대학 입학이나 목돈이 필요한 시점이 가까워지고 목표 금액이 달성되었다면 수익률 변동성이 낮은 상품으로 전환해야 한다.

등록금 및 자녀의 결혼 자금은 20~30년간 투자가 가능하기 때문에 주식형 펀드 등으로 꾸준히 준비할 수 있다. 아이가 태어나자마자 아이의 명의로 펀드에 가입하고, 20세에 대학에 들어간다고 가정해보자. 지금부터 등록금 인상률이 연간 5%일 경우 4년간의 등록금 총액은 9,835만 원(현재 연간등록금 860만 원 기준)이다. 이 금액을 20년에 걸쳐 투자한다면, 월 14만 원만 투자하면 되는 것이다(연 투자수익률 10%로 가정).

사실 조금만 신경 쓴다면 그리 부담스럽지 않은 수준이다. 10만 원은 한 달에 외식 한두 번 덜하거나, 점심시간에 마시는 커피만 줄여도 모을 수 있다. 이 돈을 15년에 걸쳐 준비한다면 월 저축액은 25만 원, 10년간 준비하면 월 50만 원으로 금액이 급격하게 커진다. 따라서 미리미리 준비하는 것이 가장 쉬운 방법이다.

20년 이상 운용을 하게 되면 운용 결과에 따른 수익 차이가 많이 나기 때문에 금융상품을 고를 때도 주의가 필요하다. 최근 1~2년간의 운용 성과가 아니라, 최소한 5년 이상의 안정적인 운용 성과를 보여주는 운용사의 상품을 고르는 것이 좋다. 일부 업종에만 투자하는 섹터펀드나 일부 지역에 투자하는 해외주식형 펀드도 적합하지 않다. 이를테면 10년 전만 하더라도 통신주는 고성장주였지만, 지금은 방어주의 성격을 지니고 있다. 일반 주식형 펀드에 투자하면 시장 상황에 따라서 매니저가 업종 배분을 할 수 있지만, 일부 업종이나 지역에만 투자하는 펀드는 투자 범위를 임의로 바꿀 수가 없기 때문에 투자의 제한을 받게 된다. 지금 시점에서 유망한 업종이나 국가라도 10년 후에는 상황이 바뀔 가능성이 있기 때문에 장기 투자 시에는 운용의 제한이 없는 펀드에 가입하는 것이 바람직하다.

06

노후준비, 기초가 튼튼한 3층 피라미드를 짓자

"아버지가 누더기를 걸치면 자식은 모른 척하지만, 아버지가 돈주머니를 차고 있으면 자식들은 모두 효자가 된다." 이는 셰익스피어의 4대 비극 중 하나인 《리어왕(King Lear)》에 나오는 명대사다. 인생의 지침이 될 만한 가르침으로 가득한 《법구경(法句經)》에는 "열 자식을 양육하는 아버지가 있다. 한 분인 아버지를 모시지 않는 열 자식도 있다." 라는 말이 있다. 이를 보면 부모 자식 관계는 동양이나 서양이나 비슷한 것 같다. 여기에 얼마 전에 우리나라에서 발표된 논문을 보면 동서양뿐만 아니라 예나 지금이나 다 똑같구나 하는 생각을 하게 된다.

2007년 숭실대 정재기 교수는 〈한국의 가족 및 친족의 접촉빈도와 사회적 지원의 양상〉이라는 논문에서 OECD 회원국 중 한국만이 유일하게 부모의 소득이 높을수록 자녀와 만나는 횟수가 늘어난다고 발표했다. 한국에서 자녀들이 동거하지 않는 어머니를 1주일에 1번 이상 만나는 비율은 조사 대상 27개국 중 최하위인 27%였다. 논문에 따르면 통계적으로 부모의 소득이 1% 높아지면 부모와 자녀가 1주일에 1번 이상 대면할 가능성이 2.07배나 높은 것으로 조사되었다.

굳이 이런 조사를 보지 않더라도 이제는 자식에게 노후를 기대하는 사람은 없을 것이다. 앞으로는 노후준비도 우리가 스스로 알아서 챙겨야 하는 시대가 되었다. 다음은 지방 고등학교의 재경동창회가 열리고 있는 장면이다. 고등학교를 졸업한 지 25년이 흘렀고, 40대 중반을 지나고 있는 동창생들은 자녀교육과 함께 건강, 노후준비 등에 대해 관심이 많다.

남훈 다들 살아는 있었구나. 이렇게 연말이라도 되어야 얼굴을 한 번씩 보지.

영철 넌 얼굴 좋아진 것 같다. 장사는 잘 되고?

남훈 밥이나 먹고 사는 거지. 근데 내가 오기 전에 무슨 얘기들 했어?

종석 노후준비 어떻게 하고 있는지 얘기하고 있었어. 넌 어떻게 준비하나?

남훈 나야 자영업이니 장사 잘해서 돈 많이 벌어놓는 게 노후준비지.

종민 자영업자도 국민연금은 들어놓는 게 좋아. 국민연금은 들어놨어?

남훈 조금 내고 있지. 근데 연금 고갈 얘기도 나오는데 괜히 없는 돈 넣었다가 나중에 못 받는 거 아니야?

영철 에이, 설마 나라에서 하는 건데.

종석 　나는 애들 교육비 때문에 노후준비는 생각도 못하고 사는데, 너
　　　 희들은 대단하다.
남훈 　요즘 같은 세상에 자식 믿지 말고, 지금이라도 빨리 준비를 시작
　　　 하는 게 살길인 것 같아.

　100세 시대를 맞으면서 노후는 좋든 싫든 전 세대의 화두지만, 세
대에 따라서 태도는 확연히 다르다. 20~30대는 노후가 너무 먼 훗날
의 일이라고 말하고, 40~50대는 코앞으로 다가온 노후에 대비할 시
간이 부족하다고 말한다.

은퇴 후 찾아오는 보릿고개에 대비하자

　지하철로 출퇴근을 하다 보면, 버려진 무가지나 신문을 수집하는 노
인들을 보게 되는데, 2~3년 전보다 폐지를 수집하는 노인의 수가 늘
어나면서 경쟁이 치열해지고 있다고 한다. 공원에서 시간을 보내거나
무료 승차가 가능한 지하철을 타고 하루 종일 시간을 보내는 노인들
도 점차 증가하고 있다.

　반면 은퇴 후 정말 하고 싶던 공부를 시작하거나, 어려운 사람들을
도와주는 은퇴자들도 늘어나고 있다. 한편으로는 실버 성형도 증가하
는 추세이다. 이렇듯 자녀를 위한 삶이 아니라 본인이 중심이 되는 삶
을 사는 것이 신세대 노인들의 라이프스타일이다. 자녀를 키우고 회
사를 다니느라 못해 본 일을 마음껏 하면서 보내는 노후, 생각만 해도

멋지지 않은가. 그러나 행복한 노후는 준비된 사람만이 누릴 수 있는 축복이다.

그러면 노후생활의 시작점은 언제일까? 아마도 직장에서의 은퇴가 경제적인 노후생활의 시작점이 될 것이다. 직장에서 은퇴하게 되면 매월 통장으로 들어오던 월급이 없어진다. 당연히 그 동안 모아둔 돈으로 남은 인생을 보내야 하는데, 돈 쓸 일은 여전히 많다.

대부분의 직장인은 국민연금을 노후 자금의 보루로 기대한다. 하지만 국민연금을 받을 수 있는 시기는 점점 늦춰지고 있다. 61세이던 국민연금 수급시기도 1969년 이후 출생자는 만 65세로 늦춰졌다. 50대 초중반에 은퇴를 하면 10년 이상 국민연금을 받을 수 없는 것이다.

퇴직으로 매월 통장으로 들어오던 급여가 중단된 후 국민연금이 지급되는 65세까지의 시기는 과거 가을에 수확한 곡식이 떨어져 보리가 수확되기까지 배고프고 힘겹던 '보릿고개'와 유사하다. 인생 후반기에 맞게 될 급여소득 단절기를 잘 이겨내기 위해서는 은퇴 이전에 받던 월급과 같은 제2의 급여가 꼭 필요하다.

보릿고개를 대비하기 위해서는 연금저축펀드를 우선적으로 준비해 두어야 한다. 연금저축은 10년 이상 납입한 후 55세부터 수령이 가능하기에 근로자라면 우선적으로 가입해야 할 금융상품이다. 연금저축펀드는 주식형, 채권형, 혼합형 등의 여러 유형이 있어 투자자의 성향에 따라 선택하여 가입할 수 있다. 유형간 전환도 가능하기 때문에 향후 경기전망이 좋지 않을 때는 주식형에서 채권형이나 혼합형으로 전환할 수 있다. 반대로 경기 전망이 좋을 때는 채권형에서 주식형으로 전환하는 것이 유리하다. 월지급식 상품도 보릿고개에 대비한 금융상

품으로 적합하다. 월지급식 상품은 매월 투자자에게 분배금을 지급하
므로 현금흐름 측면에서는 적립식 펀드와 반대가 된다.

순간의 선택이 10년을 좌우한다는 말처럼 현재 시점에서 크지 않은
돈이라도 꾸준히 준비를 한다면, 인생 후반의 보릿고개는 수월하게
넘을 수 있을 것이다.

국민연금만 믿다간 발등 찍힌다

국민연금은 1988년에 도입되어 전 국민을 대상으로 하며, 물가상승률
까지 감안하여 지급되고, 국가가 지급을 보증하는 등 분명 장점이 많
은 제도다. 하지만 몇 가지 우려되는 면도 분명히 있다.

첫째, 일반 직장인의 퇴직 시기가 앞당겨지고 있다는 것이 문제다. 국
민연금은 60세까지 연금보험료 납부를 가정하고 있으나, 실제로 60세까지 직장에 다닐 수 있는 경우는 많지 않다. 공무원(정년 60세)을 제외한 우리나라 민간기업의 일반적인 정년은 55세 전후이지만, 1990년대 후반 아시아외환위기를 계기로 우리나라 근로자들의 평생직장 개념이 약화되었고, 상당수 근로자들이

2007년, 국민연금(노령연금) 수급시기 단계적으로 늦춰

자료 : 국민연금관리공단, 동양증권 리서치센터

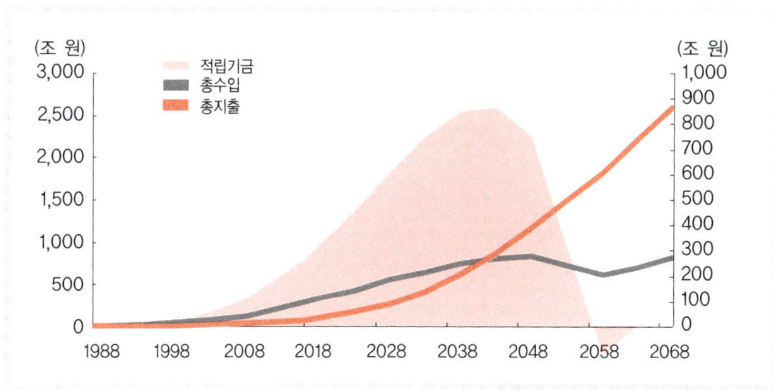

자료: 국민연금

정년퇴직에 앞서 명예퇴직이나 희망퇴직 등으로 정년보다 일찍 퇴직하고 있다.

둘째, 우리나라 국민연금의 소득대체율[1]이 최초(1988년)에는 70%로 설정되었으나, 연금재원의 고갈에 대한 우려로 2008년 이후 5년마다 소득대체율이 축소되고 있다. 앞에서 언급된 것처럼 세계에서 가장 빠른 속도로 고령화가 진행됨에 따라 연금보험료를 늘리거나 소득대체율을 낮추는 정책이 불가피하다. 가장 기본적인 노후준비 자금으로 거론되는 국민연금 수령액에 대한 축소 가능성이 점점 높아지고 있는 것이다.

빨라지는 고령화 속도가 내 노후에도 영향을 미친다

30년 전만 해도 노후준비는 자식을 잘 키우는 것이었다. 하지만 이제는

	도달연도			소요연도	
	고령화사회 (7%)	고령사회 (14%)	초고령사회 (20%)	7%→14%	14%→20%
프랑스	1864	1979	2019	116	40
호주	1939	2012	2030	73	18
미국	1942	2014	2030	72	16
영국	1929	1976	2020	47	44
일본	1970	1994	2006	24	12
한국	2000	2018	2026	18	8

자료: OECD, 고령화 수준은 전체인구수 대비 65세 인구의 비율에 따라 구분

50대만 하더라도, 노후에 자식에게 기댈 생각을 하는 경우가 많이 줄어들었다. 남은 인생이 길어지는 만큼 노후준비도 일찍 시작해야 한다.

우리나라의 노령화 속도는 경제성장 속도만큼이나 빠르다. 2050년 경 예상되는 노년부양비율[2]은 72%로, 세계에서 가장 고령화된 국가로 알려진 일본과 견주어도 모자람이 없는 수준에 도달한다.

우리나라의 노년부양비율 급증: 2036년 경제활동 인구 2명이 노인 1명을 부양해야

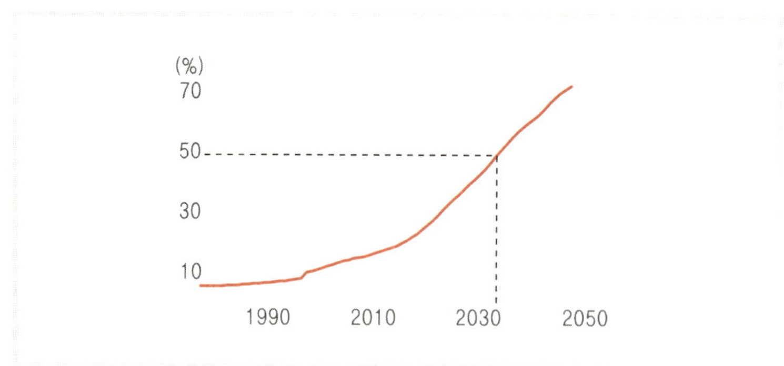

자료: 통계청 추계인구(2006) 기준
노년부양비율(%)=65세 이상의 인구/경제활동인구(15~64세 사이의 인구)×100

1955년부터 한 자녀 정책이 시행된 1963년 사이에 출생한 베이비 부머의 은퇴가 시작되면서 노후준비에 대한 사회적 논의도 많아지고 있다. 1990년대는 경제활동인구 10명이 1명의 노인을 부양했지만, 2036년이 되면 경제활동인구 2명이 노인 1명을 부양할 것이란 전망도 나오고 있다. 노인부양 비율이 높아지면, 재정에 대한 부담이 늘어나면서 각종 사회복지 제도도 축소될 수밖에 없다.

노후준비에는 얼마가 필요할까?

은퇴를 하고 나이를 먹게 되면, 정해진 근로 소득이 없어지고 병원비 등 지출 부담은 늘어난다. 장수의 즐거움을 만끽하려면, 일정 수준 이상의 생활 자금이 충분하게 마련되어야 한다. 그렇다면 공적연금과 퇴직연금(또는 퇴직금)을 반영하여 은퇴 이후의 삶을 유지하기 위해서는 매월 어느 정도의 돈이 필요할까?

국무총리실 산하의 경제인문사회연구원이 지난 2011년 5월에 통계청의 2010년 가계소비지출 동향자료를 토대로, 은퇴 후 2인 부부 기준 생활비 지출내역을 산출하였다. 그 결과 최소한의 생활 유지를 위해서는 월 150만 원 정도가 필요하고, 보통 수준의 생활을 위해서는 월 200만 원, 약간의 저축이 가능한 여유 수준의 생활을 영위하기 위해서는 월 300만 원 이상이 필요한 것으로 나타났다.

현재의 50대가 받을 수 있는 최고 수준의 국민연금(20년납 국민연금 가입자의 월수령액 약 70만 원)만으로는 최소한의 생활유지를 위한 생활비(150만 원)의 50%도 되지 않는다. 퇴직금 또한 자녀교육 및 자녀결혼, 주택구입 등으로 소진된 경우가 많아 큰 도움을 기대하기는 어려울 것이다. 공적연금과 퇴직연금이 노후준비에 큰 기여를 하지 못하는 상황이므로, 궁극적으로는 개인적인 준비가 노후준비의 가장 큰 역할을 맡아야 하는 상황이다. 개인별로 생활 수준이 다르기 때문에 월별 필요생활비를 산정한 후, 국민연금을 비롯한 공적연금에서 수령할 수 있는 연금수령액을 공제하고, 퇴직연금을 통해 매월 수령할 수 있는 연금이 있다면 이 또한 공제하도록 한다. 그렇게 하면 자신에게 필요한 생활비가 나올 것이다.

노후보장의 3층 피라미드를 짓자

노후준비는 국민연금, 퇴직연금, 개인연금의 3층 구조가 필요하다. 국민연금으로는 기초생활 보장을 준비하고, 퇴직연금과 개인연금으

노후보장의 3층 피라미드

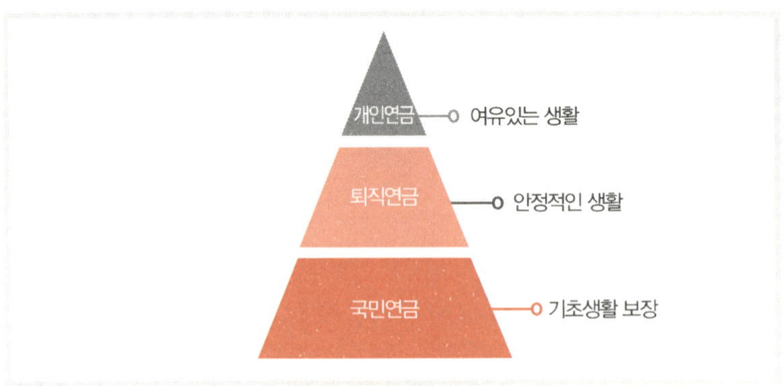

로 여유 있는 생활의 토대를 만들어 나가야 한다.

직장에 다니면 국민연금과 퇴직연금은 자동적으로 적립이 되고 있기 때문에, 추가로 개인연금에만 투자하면 된다. 자영업자는 다소 부담이 되더라도 직장인보다 개인연금에 더 많은 금액을 투자해야 한다. 다른 투자와 마찬가지로 개인연금도 일찍 시작할수록 부담이 적어진다는 점도 꼭 기억하기 바란다.

위 사례의 경우 크게 3단계로 고려하여 은퇴 준비를 계획하여야 한다. 먼저, 55세 은퇴 이후 국민연금을 수령하는 60세까지의 5년과 국민연금을 수령하는 60세 이후 배우자와 함께 생활하는 23년, 배우자 혼자 생활하는 10년 동안의 은퇴자금에 대한 별도의 준비가 필요하다. 기본 가정을 토대로 60세 시점에 필요한 은퇴자금은 7억 8,692만 원으로 계산된다. 이 필요자금을 토대로 기본가정의 변화를 통해 은퇴준비자금을 비교해보면 다음과 같다.

1. 기본 가정을 그대로 적용할 경우

- 공적연금을 포함한 은퇴준비자금 = 5억 4,232만 원

- 은퇴준비 부족자금 = 2억 4,460만 원

- 부족자금은 매월 215만 원을 5년 동안 5%의 수익률로 추가저축(투자)할 경우
  마련 가능

2. 기본 가정 중에서 시가 4억 원 아파트를 처분하여 3억 원 아파트로 이사한 후, 차액 1억 원을 은퇴자금으로 활용할 경우

- 은퇴준비자금 = 6억 6,900만 원

- 은퇴준비 부족자금 = 1억 1,792만 원

- 부족자금은 매월 103만 원을 5년 동안 5%의 수익률로 추가저축(투자)할 경우
  마련 가능

3. 기본 가정 중에서 부동산 자산의 일부(1억 원)를 은퇴자금으로 활용하고 은퇴준비자금의 투자수익률을 7%로 상향시키는 경우

- 은퇴준비자금 = 7억 1,715만 원

- 은퇴준비 부족자금 = 6,977만 원

- 부족자금은 매월 53만 원을 5년 동안 7%의 수익률로 추가저축(투자)할 경우
  마련 가능

4. 기본 가정 중에서 부동산 자산의 일부(1억 원)를 은퇴자금으로 활용하고 은퇴준비자금의 투자수익률을 9.5%로 상향시키는 경우

- 은퇴준비자금 = 7억 8,688만 원

- 은퇴준비 부족자금 = 4만 원

- 부족자금 4만 원은 노후준비에 영향을 끼치지 않음

5. 상기 기본 가정 중에서 부동산 자산의 일부(1억 원) 은퇴자금 활용 및 은퇴준비자금의 투자수익률을 7%로 높이고, 월평균 생활비를 180만원으로 낮추는 경우

- 은퇴필요자금 = 7억 823만 원

- 은퇴준비자금 = 7억 1,715만 원

- 노후 잉여자금 = 892만 원

상기 사례를 통해서 우리는 경제적인 노후준비와 관련하여 2가지 사항을 극명하게 확인할 수 있다. 은퇴준비자금 규모에 따라, 또는 은퇴 이후의 월생활비 규모에 따라 적절한 조절이 가능하다는 점이다. 준비자금 규모가 충분하다면 안정성에 좀 더 무게 중심을 두어도 무방하지만, 준비자금이 부족하다면 안정성과 함께 수익성이 적절한 조화를 이뤄야 한다. 무조건 수익성만 추구할 수는 없는 만큼 노후생활비를 현실적으로 축소시키는 것도 대안이 될 수 있다. 특히 30대나 40대 초라면, 노후준비를 위한 투자기간을 길게 가질 수 있기 때문에 좀 더 여유를 가질 수 있는 장점이 있다.

노후는 퇴직연금과 개인연금이 결정한다

3장에서 보다 자세히 설명하겠지만, 안정적 생활의 토대가 되는 퇴직연금은 크게 다음 3가지로 구분된다.

퇴직연금제도의 구분

1. 확정급여형(DB형)
   : 근로자의 퇴직 급여 수준이 사전에 확정되고 기업이 적립금 운용 책임
2. 확정기여형(DC형)
   : 기여금이 사전에 확정되고 근로자의 적립금 운용 실적에 따라 퇴직 급여 변동
3. 개인퇴직계좌(IRA)
   : 퇴직연금 가입 근로자의 중도 퇴직 시 통산 제도로 활용

개인연금은 말 그대로 개인이 준비하는 연금으로 은행, 보험사, 증권사 등에서 다양한 형태로 판매되고 있다. 연금저축은 연금저축펀드와 연금저축보험, 연금저축신탁으로 구분된다. 특히 직장인에게 연금저축상품은 소득공제와 함께 과세이연이 가능해서 세금 절약에도 활용될 수 있다.

그러면 국민연금이나 퇴직연금, 개인연금의 공통점은 무엇일까? 오랜 기간 동안 월별로 적립하고 월별로 받을 수 있는 것이 공통점이며, 이는 다른 금융상품과의 가장 큰 차이점이다. 대부분의 사람은 월별로 생활비를 관리하기 때문에 은퇴 후에도 월 단위로 지급되는 금융상품을 선호한다. 따라서 대부분의 연금 상품도 매월 지급되는 경우가 많다. 은행의 정기배당형 예금도 월 단위로 지급을 받는다.

일반적인 금융상품은 일정 기간이 경과한 후 확정된 수익을 일시에 지급받는 투자상품이지만 월지급식 상품은 예치된 금액에서 일정액을 매월 분배받을 수 있도록 설계된 금융상품이다. 은퇴 이후 정기적인 근로소득이 발생하지 않는 시기에는 필요한 생활비를 금융소득으로 대체하기 위해, 월지급식 상품이 큰 관심을 받고 있다. 실제로 2011년 월지급식 펀드 가입자를 조사해보면 50대 고객이 가장 큰 비중을 차지하는 것으로 나타나고 있다.

우리나라보다 고령화가 빠르게 진행되면서 노후설계의 중요성이 강조되고 있는 일본은 이미 이러한 월지급식 상품이 대중화되어 있다. 우리나라도 월지급식 상품 시장은 빠르게 커지고 있다. 월지급식 투자 방식은 펀드, 채권, ELS 등 다양한 상품으로 확대되면서 광범위하게 적용되고 있으며 최근에는 다양한 상품으로 포트폴리오를 구성한

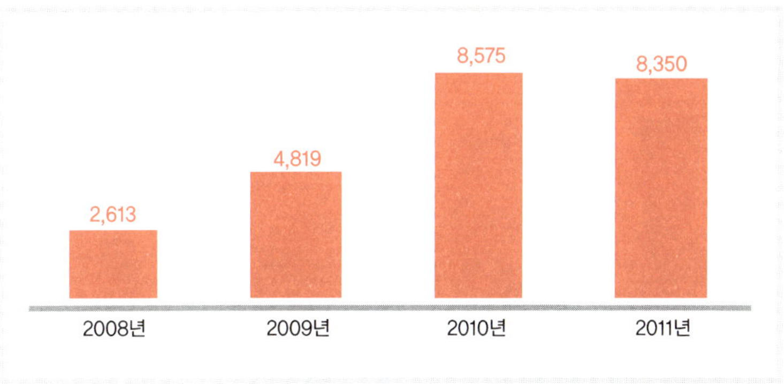

자료: 한국경제신문 인용, 2011년 7월까지 집계

랩어카운트(Wrap Account)[3]를 통해 매월 수익을 지급하는 자산관리 통합상품까지 등장했다.

모아둔 돈이 없다면 집을 월급으로 만들자

우리나라 중장년층은 자산의 대부분이 부동산으로 되어 있는 것이 일반적이다. 고용노동부에서 실시한 사회보장조사에 따르면 우리나라 베이비부머는 평균적으로 약 3억 원의 순자산을 보유하고 있다. 여러 기관에서 실시하는 서베이에 따라 조사 결과가 조금씩 다르기는 하나, 대체로 80% 정도를 부동산 자산으로 보유하고 있는 것으로 나타났다.

이런 상황에서 월 생활비를 금융자산안으로 조달할 수 있는 사람은 많지 않을 것이다. 우리나라의 이러한 특수 상황 때문에 정부에서는 주택연금/농지연금을 만들었다. 주택연금이란 집을 담보로 맡기고

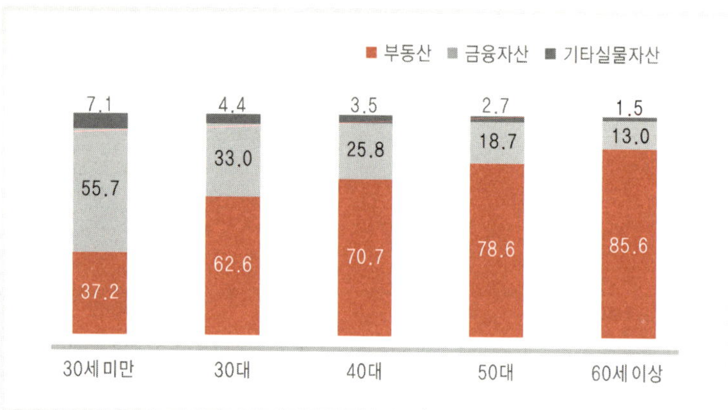

자료: 통계청 가계금융조사(2010), 동양증권 리서치센터

금융회사로부터 노후 생활자금을 매달 연금 형태로 지급받는 대출제도이다. 집을 장만할 때 주택 구입자금을 빌려주는 모기지론(mortgage loan)과 반대되는 역모기지론이라고 할 수 있다. 주택연금 제도를 활용하면 집에 그대로 거주하면서 연금을 받을 수 있기 때문에 안정적인 노후생활이 가능하다.

노후준비는 하루라도 빨리 시작하자

주름은 하루 아침에 생기지 않는다. 자외선을 받으면서 탄력이 떨어지고 연한 주름이 생긴 뒤, 굵은 주름으로 변해간다. 주름이 생기기 전부터 찡그리는 습관을 고치고 자외선 차단제를 바르면 주름이 덜 생기게 할 수 있다. 하지만 굵은 주름이 생긴 뒤에는 수술 외에는 달리 없애는 방법이 없다. 노후준비도 주름방지처럼 미리 준비하면 부담을 줄일 수 있다.

만일 아무 준비 없이 노후를 맞는다면, 주택 등을 크게 줄이고 은퇴 후에도 절박하게 일을 찾아야 하는 상황에 놓일 수 있다. 하지만 미리미리 생활비에서 부담되지 않게 자녀교육비를 쓰고, 연금상품 등에 투자를 했다면 보릿고개를 어렵지 않게 넘기고 안정된 노후를 보낼 수 있을 것이다.

노후준비는 어느 누구도 대신해서 해주지 않는다. 비록 적은 금액일지라도 일찍 준비할수록 부담을 최소화할 수 있다. 그래서 30대부터는 노후준비가 가장 급하고 중요하다.

---

1 가입기간 중 평균소득을 현재가치로 환산한 금액대비 연금지급액으로 일반적으로 안락한 노후 보장을 위한 소득대체율은 65~70%이다
2 생산가능인구 100명당 부양해야 하는 노인인구비율로 노년부양비율이 높아질수록 부담이 커진다
3 고객이 예탁한 재산에 대해 증권회사의 금융자산관리사가 고객의 투자 성향에 따라 적절한 운용 배분과 투자종목 추천 등의 서비스를 제공하는 종합자산관리계좌

07

빈곤은 생각보다 가까이에 숨어있다

보험은 예기치 못한 여러 가지 사고에 미리 대비함으로써 경제적 파멸에 빠지지 않을 수 있는 예방 장치다. 또한 보험은 위험에 빠졌을 때 곤란을 겪게 될지 모른다는 불안감을 제거해 줌으로써 보험 가입자에게 경제적 · 정신적 안정감을 가져다 준다.

사회가 복잡해질수록, 그리고 주위에 위험요소가 항상 존재할수록 사고나 재난이 누구에게나 닥칠 수 있기 때문에 경제가 발전하고 사회가 발달할수록 사람들은 보험을 찾게 된다. 우리나라도 경제가 성장함에 따라 보험 가입자 수가 급증하고 있다.

다음은 보험에 미리 가입하여 아이 수술비를 마련할 수 있었던 김 대리의 이야기다. 김 대리는 5개월 전에 출산을 했는데, 아이가 심장에 이상이 있어 수술을 하였다. 다행히 태아보험을 가입하여 수술비는 보험금으로 해결할 수 있었다.

 김 대리님, 아기 퇴원한 거 축하드려요.

 소희 씨, 고마워.

 이제 아기는 괜찮은 거죠?

 12살 정도에 다시 심장 수술해주면 괜찮대.

 그나저나 전 이번에 김 대리님을 보면서 태아보험은 꼭 들어야겠
다는 생각이 들었어요.

 그러게 말이야. 수술비가 500만 원 정도 되는데 보험으로 한시
름 덜었어. 소희 씨도 임신하면 태아보험은 꼭 들어. 보험 쓸 일 당
연히 없어야겠지만 막상 당하고 나니까 보험에 가입한 게 다행이
다 싶더라고.

 저희 옆 동에 사는 분도 이번에 대장암 걸렸는데, 보험으로 치료
비 걱정은 덜었다고 하시더라고요. 아픈 것만도 걱정인데, 돈까지
걱정했으면 더 우울했을 거라고 하시더라고요. 의료실비보험 정도
는 들어 놓는 게 좋을 것 같아요.

빈곤의 주된 이유는 질병

2009년 보건복지가족부가 민생지원기구를 통해 빈곤층(2만 7,444가구)
의 생활실태를 조사한 결과, 민생지원 신청 사유는 질병과 부상(36%),
소득상실(26%), 휴직이나 실직(16%) 등이 주요 원인이었다. 정부의

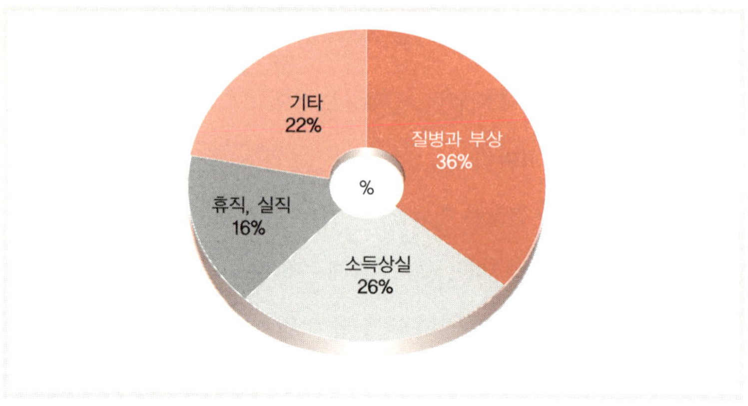

자료: 보건복지가족부

지원이 필요한 차상위 계층과 빈곤층을 예로 들기는 했지만, 중산층에게도 가족의 질병과 그에 따른 실직이 일어나면 경제적으로 큰 짐이 된다. 이런 일이 실제로 일어나게 되면, 중산층도 여유자금이나 부동산 등을 줄여 필요자금을 만들 수밖에 없다.

가족이 병에 걸리거나 사고를 당하는 것은 누구나 상상하기도 싫은 일이다. 하지만 세상을 살아가다 보면 예기치 않은 돌발 상황이 일어날 수 있기 때문에 만일의 상황을 대비해 준비하는 지혜가 필요하다.

2010년 한국인의 사망 원인을 살펴보면, 암, 뇌혈관질환, 심장 질환 등 질병에 의해 사망한 사람이 48%를 차지했다. 특히 40대 이상에서는 사고나 자살보다는 질병에 의한 사망 비중이 높다. 만일 가족 구성원 중에 경제활동을 하는 사람이 사망하면 남아있는 가족들은 가족을 잃은 상실감과 함께 경제적으로 커다란 어려움을 겪게 된다.

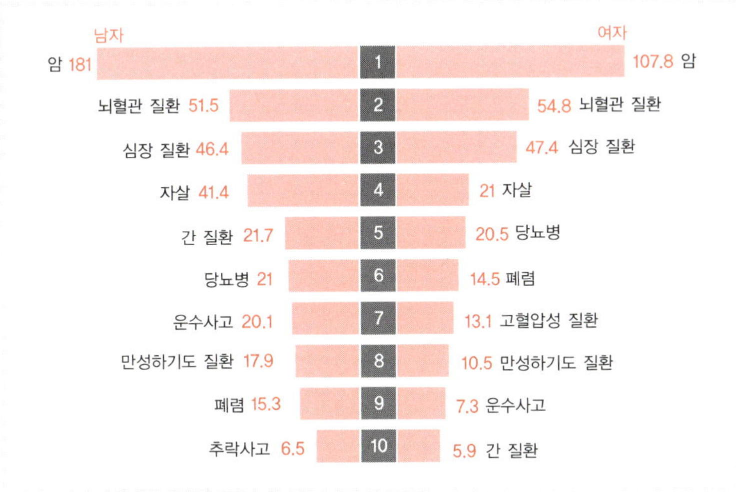

사망률은 줄어들지만 경제적 부담은 늘어간다

암 등 주요 질병의 사망률은 의료 기술의 발달로 낮아지는 추세를 보이고 있지만, 병원비와 간병비 등 경제적 부담은 점점 커지고 있다. 건강보험심사평가원이 2001년부터 2005년까지 8대 암 진단을 받은 환자 중 2007년 말까지 사망한 약 13만 명에 대해서 총 비용을 조사해 보니, 대부분의 암 치료비가 1,000만 원을 넘어섰다. 조사 시점이 5년 이상 지났기 때문에 최근의 암 치료비는 조사 결과보다 더 많이 들어갈 것으로 생각된다.

질병이나 사고를 당하게 되면, 여유자금에서 우선적으로 필요자금을 쓰게 된다. 여유자금이 충분치 않을 때는 은퇴자금이나 자녀 양육

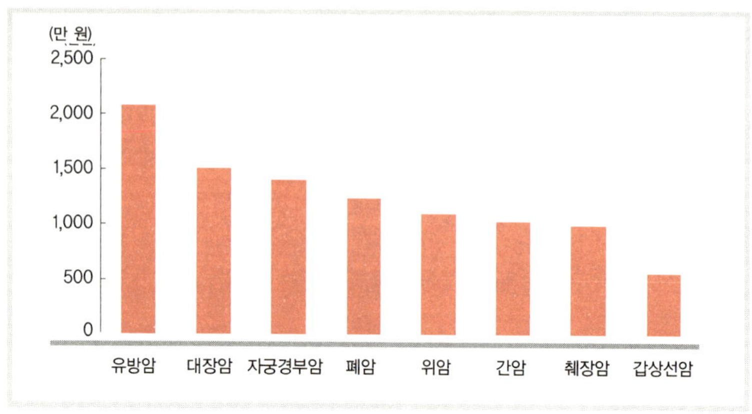

자료: 건강보험심사평가원

비 등 당장 급하지 않은 자금부터 쓰게 되는 것이 일반적이다. 게다가 부부 중 한 명이 장기 요양이 필요하게 되면, 정기 소득이 줄어들면서 가정의 경제 상황은 급속도로 나빠지게 된다.

안타까운 일이지만, 소아암도 점점 늘어나고 있으며, 치료비가 많이 드는 백혈병이 전체 암의 26%를 차지하고 있다. 총 진료비도 2006년 290억 원에서 2010년 730억 원으로 약 440억 원이 증가하였다. 소아암은 조기에 발견하여 꾸준히 치료할 경우 70% 이상의 높은 완치율을 기록하고 있다.

이러한 여러 예기치 않은 상황에 대비할 수 있는 안전판이 보험상품이다. 보험상품은 '보장'이라는 기능에 충실하되, 가정 경제에 너무 많은 부담을 주지 않도록 총 생활비의 10%를 넘지 않는 수준으로 지출해야 한다.

08

여유자금,
나를 알고 상품을 고르자

여유자금은 다른 목적자금에 비하여 투자기간에 대한 제약이 적다. 따라서 개인의 투자성향에 따라 다양한 형태로 투자 포트폴리오를 구성할 수 있다. 고수익 고위험군에 대한 부담이 상대적으로 적으므로, 높은 수익률을 목표로 한 공격적인 투자 역시 가능할 수 있다.

자신의 성향을 먼저 파악하자

여유자산은 투자자의 위험 성향을 확실하게 파악한 뒤에 투자자산을 결정하는 것이 좋다. 원금에 손실이 나는 것을 견딜 수 없는 투자자는 다소 기대 수익률이 낮더라도 안정적인 상품을 고르는 것이 좋다. 이에 해당하는 것으로는 원금보장형 ELS나 전환사채와 같은 주식형 채권, 물가연동국채 등을 들 수 있다. 금융상품에 투자할 비과세나 세금 우대여부를 따져보는 건 단연히 빼놓을 수 없다.

어느 정도의 손실을 감수할 수 있다면 주식형 펀드나 원금비보장형 ELS, 브라질 국채 등 해외채권, 헤지펀드 등을 투자 대상으로 검토할 수 있다.

선입견을 버려야 투자 기회를 잡는다

적금, 채권, 주식은 수십 년 전에도 있었고 지금도 가장 중요한 금융 상품이다. 하지만 부자가 되기 위해서는 좀 더 도전적인 자세가 필요 하다. 금융시장은 끊임없이 진화하고 발전하면서 새로운 형태의 금융 상품을 만들어낸다. 투자자들의 필요에 따라서 기존의 상품 구조를 바꿔서 새로운 상품이 나오고 있다.

불과 1~2년 전만 하더라도 헤지펀드, 월지급식펀드 등은 대중화되 지 못한 상품이지만, 빠른 시간 동안 높은 성장을 보인 상품들이다. 투 자에 있어서 선입견을 가지게 되면, 새로운 투자 기회를 놓칠 수 있다.

여유자금에 대한 투자 사례를 몇 가지 들어보겠다. 투자는 일단 투 자자 성향 파악에서부터 시작해야 한다. 투자자 성향은 주식시장 상 황 등 주위 여건에 영향을 받기 마련이다. 따라서 동일 투자자라도 감 내할 수 있는 손실 수준이나 투자 목적 등이 변할 수 있다.

일반적으로 나이가 들게 되면 투자 가능 기간이 줄어들고, 안정적인 자산을 선호하게 된다. 이에 착안하여 여유자금에 투자할 때 참고하는 수식이 '100-투자자 나이'이다. 예를 들어 투자자의 나이가 40살일 때는 100-40(세)=60(%)이 나온다. 60%에서 10% 정도를 가감하면 위험자산의 투자비중은 대략 50~70% 정도가 될 수 있다.

물론 이를 바탕으로 투자자의 위험 성향까지 충분하게 고민하여 위험자산의 비중을 결정해야 한다. 20대라도 안정추구형 투자자라면 저위험과 초저위험의 금융상품에만 투자해야 한다. 투자 경험이 많고 적극적인 성향을 지닌 50대라면 위험자산의 투자 비중을 더 늘릴 수도 있다. 위험자산의 비중은 투자 수익률과 위험에 큰 영향을 미치는 요소이기 때문에 많은 시간을 들여 고민할 필요가 있다.

· CHAPTER ·
3

금융상품을 알아야 돈이 모인다

1990년대 후반 아시아 외환위기 이전에는 은행에서 취급하는 예금, 적금 등이 금융상품의 주류였다. 그러나 2000년대 이후 은행, 증권사, 보험사, 우체국 등에서 다양한 금융상품이 나오면서 투자 상품에 대한 관심이 크게 늘어났다. 재테크, 자산관리는 21세기 한국 사회에 중요한 키워드가 되었으며, 자산관리에 대한 관심도 그 어느 때보다 높아졌다. 하지만 금융상품에 대한 지식이 단편적이어서, 효율적인 자산관리가 이루어지지 못하는 경우가 많았다. 나를 알고 적을 알면 백전백승인 것처럼 투자도 본인의 투자성향과 금융상품의 특성을 제대로 파악한다면 더 좋은 성과를 거두게 된다. 은행예금, 주식형 펀드, ELS, 퇴직연금, 월지급식 상품, 브라질 국채, 헤지펀드 등은 신문과 TV, 주위 사람들과의 대화에서 많이 언급되는 금융상품들이다. 이 가운데 은행예금처럼 따로 설명이 필요 없는 것도 있지만, 헤지펀드나 ELS처럼 어렵게 느껴지는 것들도 있다.

금융상품은 크게 여러 목적자금에 활용될 수 있는 금융상품과 특정 목적자금에 최적화된 금융상품으로 나누어 볼 수 있다. 금융상품으로는 주식형 펀드, ELS, 주식형 채권 등은 여러 목적자금에 쓰일 수 있으나, 월지급식 상품, 개인연금, 퇴직연금 등은 노후준비에 특화되어 있다. 따라서 목적자금을 마련하기 위해서는 금융상품에 대한 명확한 이해가 꼭 필요하다.

01 금융상품에 투자하기 전에 챙겨야 할 것들

금융상품에 투자하기 전에 다음의 3가지를 반드시 점검해보자.

첫째, 목적자금을 정한다. 나에게 가장 필요한 순서대로 준비해야 할 자금을 생각해보고, 목적별로 자금을 분류한다. 목적자금이 정해지지 않으면 자산관리 계획을 정확하게 세울 수 없기 때문이다.

둘째, 본인의 투자 성향을 고려한다. 색깔이 마음에 든다고 맞지도 않는 옷을 입는 것보다는 본인의 신체 치수에 맞는 옷을 입는 것이 훨씬 보기에도 좋고 활동하기도 좋다. 금융상품도 마찬가지다. 원금 손실을 감수할 수 없는 투자자는 원금이 보장되는 상품에 투자해야 한다. 하지만 원금 보장 상품은 고수익 상품보다는 목표 금액을 모으는 데 시간이 더 걸린다는 점을 염두에 두어야 한다. 이 책 맨 뒤에 소개

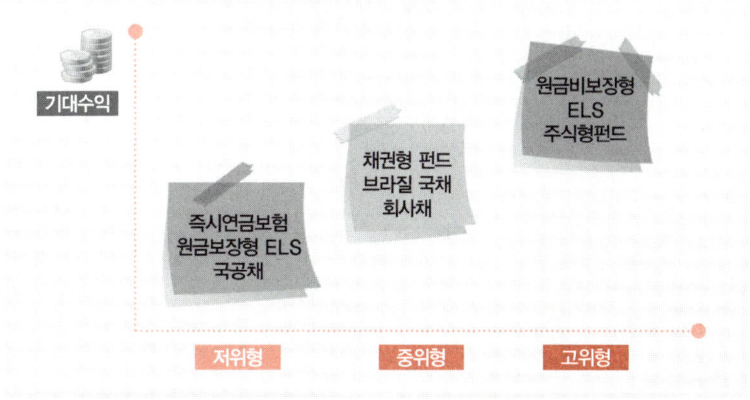

되어 있는 투자자 정보 확인서에서 본인에 해당사항을 체크하면 대략적인 투자 성향을 알 수 있다.

셋째, 목적자금의 성격, 투자 기간과 목표 수익률, 목표 금액 등을 고려하여 금융상품을 비교한다. 투자 가능기간과 목표 금액을 정하고 이에 따라 목표 수익률을 추정한다. 그리고 목표 수익률을 고려하여 투자 가능한 금융상품을 비교해본다.

앞서 이야기한 세 가지를 염두에 두고 금융상품에 투자를 한다면, 자신과 맞지 않는 엉뚱한 금융상품에 투자를 하거나 당장 필요한 돈을 장기상품에 투자하는 일은 없어질 것이다. 그럼 이제부터는 목적자금 마련을 위한 최적의 금융상품 솔루션을 찾기 위해 여러 용도로 활용되는 금융상품 및 특정 목적에 특화된 금융상품에 대해 자세히 알아보도록 하겠다.

다양하게 활용하는 주식형 펀드

결혼 자금, 주택마련 자금, 자녀양육비, 노후 자금 등을 준비하거나 여유자금을 투자할 때 가장 쉽게 접하는 금융상품이 주식형 펀드다. 그럼에도 불구하고, 의외로 많은 사람들이 주식형 펀드에 대해 잘 모르고 투자에 뛰어들곤 한다. 이런 사례를 다음의 대화를 통해서도 알 수 있다. 사례는 고등학교 친구인 김나희 씨와 박소연 씨의 대화다. 김나희 씨는 증권회사에 근무하고 있으며, 박소연 씨는 전업주부다. 오랜만에 박소연 씨가 김나희 씨에게 전화를 걸었다.

소연 궁금한 거 있어서 전화했어. 오늘 은행에 갔다가 브라질 펀드를 들었어. 앞으로 괜찮을까?

나희 그 펀드 운용사가 어딘데?

소연 이거? ○○은행 거야.

나희 아니, 펀드 파는 곳 말고, 어디서 운용하냐고?

소연 ○○은행에서 팔았으니, 거기서 운용하는 거 아니야?

나희 운용은 은행에서 안 해. 운용사에서 펀드 운용을 하는 거고, 은행
     은 판매만 하는 곳이야.

소연 그래? 나는 은행만 믿고 가입한 건데.

나희 대부분 펀드는 〈운용사 이름–펀드 유형〉으로 이름을 짓게 되어
     있어. 펀드 이름만 보고서도 어느 운용사에서 운용하는 어떤 펀드
     라는 걸 쉽게 알 수 있게 만든 거지. 예를 들어 동양모아드림삼성그
     룹증권투자신탁은 동양자산에서 운용하는 삼성그룹주로 구성된
     펀드라는 뜻이야. 다음주 주말 정도 너희 집 놀러 가면 펀드 상식
     좀 알려줄게.

소연 진짜 고마워.

주식형 펀드는 칼이다

칼은 의사의 손에서는 사람을 살리는 도구가 되지만, 사람에 따라서
는 흉기가 되기도 한다. 주식형 펀드도 올바로 투자하는 사람에게는
훌륭한 자산관리 수단이지만, 잘못된 방법으로 투자하는 사람에게는
손실을 가져올 수도 있다.

주식형 펀드는 여러 투자자들에게 돈을 모아서 펀드 매니저가 국내
주식이나 해외 주식에 투자하여 운용한다. 펀드는 전문가인 펀드 매

니저가 투자를 하기 때문에 종목 선택의 전문성을 기대할 수 있다. 아울러 다양한 종목에 투자하기 때문에 특정 종목의 가격 하락 위험이 상쇄되는 분산 투자 효과도 있다.

주식은 가격 변동이 크기 때문에 투자자의 입장에서는 위험하다고 느낄 수 있다. 특히 금융위기나 불황이 닥쳐오면 주식 가격이 크게 떨어져서 주식의 위험성이 더 크게 느껴진다. 하지만 주식을 펀드 형태로 투자하면 투자 방식과 투자금 회수 방식에 따라 손실을 크게 줄여나갈 수 있다.

저금리 상황 속에서 은행의 적금이나 채권 등 안전자산만으로 목표 금액을 마련하는 데는 너무 오랜 시간이 필요하다. 우리에게 주어진 시간은 한정되어 있기 때문에 주식형 펀드를 포트폴리오에 편입하여, 조금이라도 목표 수익률을 높여야 할 필요성이 점점 커지고 있다.

주식형 펀드의 장기 수익률을 믿어보자

주식형 펀드 투자는 전체 자산의 수익률을 높여줄 수 있는 대표적 방법이다. 실제로 KOSPI 연간 수익은 2005년에는 54.0%, 2008년에는 -40.7%로 연도별 편차가 크다. 하지만 과거 10년(2001~2011년)의 연평균 수익률은 15.1%이다. 만일 2001년 초 주식에 투자하고 10년 동안 보유했다면 원금의 4배 이상으로 자산이 증가하였을 것이다.

주식형 펀드에 투자한 경험은 투자자에 따라 극과 극으로 나뉜다. 차근차근 돈을 모아 목표했던 것보다 더 높은 수익을 올린 투자자가

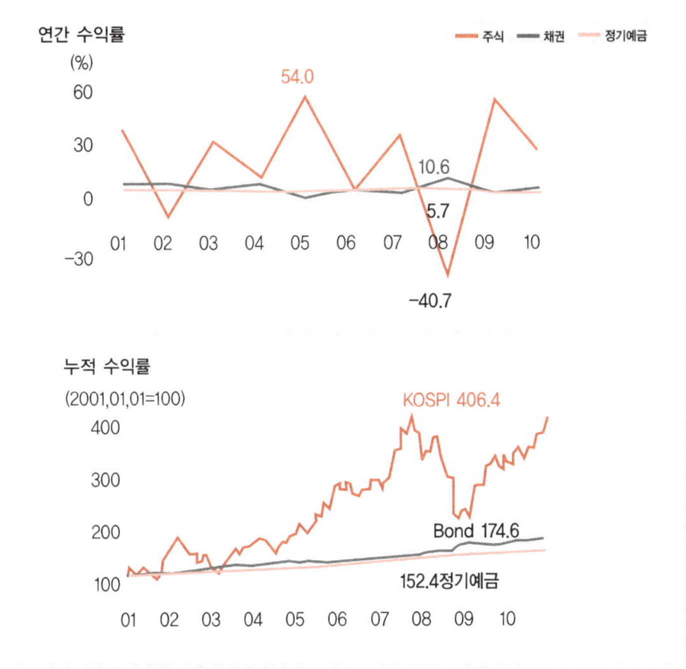

자료: Datastream, 한국은행, 동양증권 리서치센터
* 주식-KOSPI, 채권-KSDA 1~3년, 정기예금-금리

있는가 하면, 손실 때문에 애물단지가 된 펀드를 끌어안고 있는 투자자도 있다. 성공적인 펀드 투자를 위해 주식형 펀드에 대해 좀 더 알아보자.

펀드는 운용사를 잘 골라야 한다

펀드는 간접투자상품이기 때문에, 투자자 자산을 보호하기 위해서 여

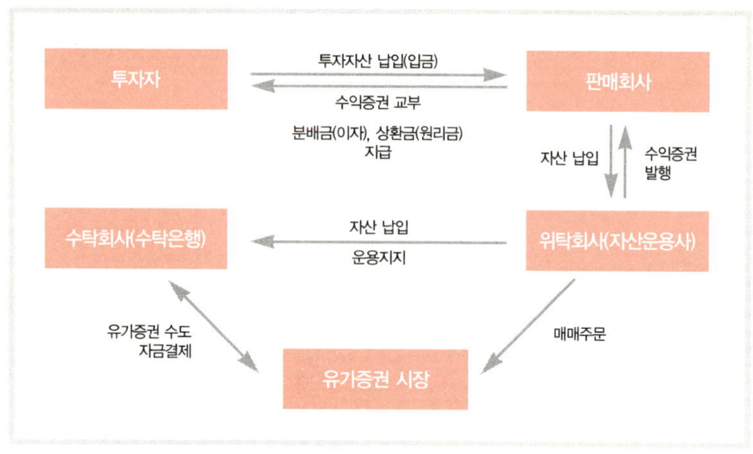

러 안전망이 준비되어 있다. 투자자 자산의 운용은 자산 운용사에서, 주식, 채권 등의 보관은 수탁사에서, 펀드의 판매는 은행, 증권사, 보험사 등 판매사에서 맡고 있다. 이렇게 세 주체가 펀드 운용의 업무를 분담하기 때문에, 운용사나 판매사 등이 투자자의 자산을 마음대로 처분하거나 거래할 수 없고, 덕택에 투자자의 자산은 안전하게 보관될 수 있다.

펀드의 수익률은 종목과 업종을 결정하는 운용사의 능력에서 판가름이 난다. 그래서 투자자 입장에서 중요한 것은 운용사 및 좋은 펀드를 고르는 능력을 가져야 한다는 점이다. 운용사를 잘 고르기 위해 투자자는 운용사별 장단점이나 펀드의 특성에 대해 자산관리 전문가로부터 자문을 받거나, 펀드 평가사의 홈페이지를 방문하여 운용사나 펀드의 수익률을 비교할 수 있다. 대표적인 펀드평가사로는 펀드닥터(www.funddoctor.co.kr)를 들 수 있다.

펀드 이름 뒤에 붙은 A, B, C만 알아도 돈을 아낄 수 있다

펀드 이름 뒤에 붙어있는 A, B, C는 종류형 펀드를 구분하는 표시다. 예를 들어 동양모아드림삼성그룹증권신탁A, 동양모아드림삼성그룹증권신탁C의 운용펀드는 '동양모아드림삼성그룹(모펀드)'으로 동일하다. 하지만 선취수수료가 붙는 대신 운용보수가 저렴한 펀드는 A로 구분하고, 선취수수료가 없는 대신 운용보수가 높은 펀드는 C로 구분하며, 인터넷으로만 가입이 가능한 펀드는 Ae, Ce로 구분한다.

　펀드에 투자할 때 장기간 투자하기로 마음을 먹었으면, 선취수수료가 있지만 보수가 낮은 A가 유리하다. 반면, 투자 시기가 정해지지 않은 투자자는 보수는 높지만 선취수수료가 없는 C가 더 유리하다. 펀드 투자에 전문가의 도움이 필요하지 않은 경우에는 Ae, Ce와 같은 인터넷전용펀드를 선택할 수 있다.

펀드 클래스별 내용 비교

클래스	내용
A	가입 시 선취판매수수료가 부과되는 펀드 클래스
B	일정 기간 내 환매 시 후취판매수수료가 부과되는 펀드 클래스
C	선취, 후취 판매수수료가 없는 대신 연간 보수가 높은 펀드 클래스
D	선취, 후취, 판매수수료가 모두 부과되는 펀드
E(Ae, Ce)	인터넷 전용 펀드 클래스
F	금융 기관 등 전문투자자 펀드 클래스
H	장기주택마련저축 펀드 클래스
I	법인 또는 거액개인고객 전용 펀드 클래스
W	Wrap 전용 펀드 클래스

* 운용사에 따라 앞에 C를 붙여 Cf, Cw 등으로 표시하는 등 약간 차이가 있을 수 있으므로 반드시 해당 펀드의 투자설명서를 참고해야 함
* 수수료: 일회성 비용, 가입 시 내는 선취수수료, 환매 때 내는 후취수수료, 최소 가입 기간 이전 환매 시 내는 환매 수수료
* 보수: 투자 기간 동안 지급, 운용과 보관에 따르는 비용

C는 장기간 가입할수록 수수료가 인하되는 CDSC(체감식 보수체계)를 채택한 경우, C1~C5 등으로 다시 클래스가 나뉜다. 최초 가입 시에는 C1클래스로만 가입할 수 있으며 가입 후 1년 단위로 보수가 낮은 다음 단계의 클래스(→C2 →C3 →C4 →C5)로 자동 전환된다.

이렇게 하면 펀드 잘 고를 수 있다

주식형 펀드는 운용 전략에 따라 액티브 펀드와 인덱스 펀드로 구별된다. 인덱스 펀드는 KOSPI와 같은 시장대표지수를 목표지수로 정하고 목표지수와 동일한 투자수익을 달성하도록 운용된다. 인덱스 펀드(평균 1.0% 내외)는 액티브 펀드(평균 2% 내외)보다 보수가 저렴한 장점이 있으며, 목표지수를 선택하면 펀드간 성과 차이가 크지 않기 때문에 펀드 선택의 어려움이 적다.

액티브 펀드는 벤치마크보다 높은 수익률을 얻기 위해서 적극적으로 업종 및 종목을 선택 한다. 투자 스타일과 전략이 우수한 펀드는 인덱스 펀드에 비해 높은 수익률을 얻을 수 있는 장점이 있다. 단, 보수는 인덱스 펀드보다 비싸며, 펀드별로 성과 차이가 크기 때문에 펀드 선택이 매우 중요하다.

펀드를 잘 고르기 위한 TIP

❶ 동일 유형 내에서 꾸준히 상위권에 드는 펀드를 고른다

특정 펀드가 항상 최상위의 성과를 내는 것은 불가능에 가깝다.

따라서 동일 유형 안에서 상위 30~40% 정도의 성과를 기대하는 것이 현실적이다. 장기적으로 펀드 성과를 분석해보면, 뚜렷한 운용철학을 지키는 펀드가 우수한 성과를 내는 경우가 많았다. 펀드의 성과는 펀드평가사 홈페이지(www.funddoctor.co.kr)에서 확인할 수 있다.

❷ 투자자의 스타일에 맞는 펀드를 고른다

주식시장은 시장 상황에 따라 국가별, 업종별로 강세를 보이거나 약세를 보인다. 펀드가 높은 수익률을 기록할 때는 이미 호재가 펀드 가격에 반영이 되어 버린 경우가 많다. 2007년도의 중국 펀드가 그 대표적인 예라고 할 수 있다. 투자자가 수익률 높은 펀드만 고집하면, 뒷북 투자가 되어 버릴 가능성도 있다.

지금 수익률이 높은 펀드보다는 본인에게 맞는 펀드를 골라 3년 이상 투자하는 것이 수익률을 높이기 위한 더 좋은 방법이다. 실제로 2006년 이후 5년 이상 수익률이 좋았던 펀드에는 배당주 펀드, 액티브 펀드, IT 펀드 등 다양한 스타일의 펀드가 골고루 들어 있었다.

본인의 투자 위험 민감도에 따라서 투자 펀드 스타일(중소형주, 대형주, 가치주, 배당주 등)을 고르고 각 스타일에 맞는 운용 노하우가 있는 운용사의 펀드를 고르는 것이 중요하다.

위험에 민감한 투자자는 가치주나 배당주 펀드를, 단기적인 위험을 견딜 수 있는 장기투자자는 일반 주식형 펀드를 고르면 된다. 중소형주 펀드나 일부 업종에만 투자하는 펀드의 비중은

5~10% 정도로 투자해서, 투자자의 펀드와 시장의 평균 성과간
의 괴리가 커지지 않도록 관리해야 한다.

❸ 펀드에 대해 꾸준한 관심을 기울인다

펀드가 운용철학에 맞게 잘 운용되고 있는지, 장기 성과와 단기
성과가 유형 내 다른 펀드와 비교해서 크게 떨어지지 않는지 등
을 정기적으로 점검해야 한다. 유형 성과와 비교해 추세적으로
부진하거나 1년 이상 유형 평균 이하의 성과를 거둘 때는 운용보
고서를 참고해서 부진 이유를 파악하거나 판매사(은행이나 증권
사, 보험사) 직원에게 도움을 구하는 것이 좋다.

펀드도 세일할 때 사자

주식형 펀드는 적립식으로 투자하는 방식이 대중화되었다. 적립식 투
자방식은 매월 또는 주기적으로 일정금액을 펀드에 투자한다. 주식시
장의 변동성이 큰 상황에서 매월 돈을 투자함에 따라 투자시간과 시
장지수에 대해 자연스럽게 분산투자가 이루어진다. 현실적으로 고점
과 저점을 예측하는 것은 불가능에 가깝기 때문에 투자시점의 분산으
로 평균 매입단가 인하효과를 누릴 수 있게 된다.

실제로 2008년 고점에 투자를 시작해서 글로벌 금융위기를 겪은
사례를 비교하면, 꾸준히 적립식 투자를 한 투자자는 거치식 투자자
보다 훨씬 빨리 원금을 회복했다. 이 안에 숨어있는 비밀 중의 하나는

주가가 낮을 때 많이 살수록 이득이 된다는 점이다. 옷이나 신발은 할인 폭이 클수록 구매자가 많아지는데, 펀드는 주가가 내려가면 공포에 질려서 투자를 하지 못하는 경우가 많다. 워런 버핏처럼 공포를 이겨내야 큰 수익을 기대할 수 있다. 실제 주가가 하락할 때 많이 투자하면 어떤 결과가 나오는지 알아보겠다.

2000년 초부터 2009년 말까지 10년 동안 KOSPI 상승률이 58.9%이다. 일간 하락률이 높았던 10일을 제외한 경우의 수익률과 일간 상승률이 높았던 10일을 제외한 경우의 수익률 차이는 무려 321.8%에 달했다. 이러한 분석에서 힌트를 얻어 KOSPI를 대상으로 일반적인 적립식 투자 방식과 새로운 적립식 투자 방식을 비교해보았다. 증시 국면별로 각각의 투자 방식의 변화에 따른 수익률 비교를 통해 적립식 투자의 강점과 한 단계 발전된 적립식 투자 아이디어를 찾을 수 있었다.

첫 번째, 지난 10년간의 일반적인 적립식 투자와 새로운 투자 방식 간의 수익률 비교를 위해 새로운 투자 방식은 기본 투자금액을 100,000원으로 가정하고, 하락했을 때 매수하는 4가지 방법을 가정했다.

① 1% 이상 하락 시 익일 투자하는 방식, (A안)
② 2% 이상 하락 시 익일 투자하는 방식, (B안)
③ 3% 이상 하락 시 익일 투자하는 방식, (C안)
④ 1% 이상 하락 시 100,000원, 2% 이상 하락 시 200,000원, 3% 이상 하락 시 300,000원을 투자하는 체증식 (D안)

구 분	투자금액(원)	2009년말 평가액(원)	투자수익률	일반적립식 대비 추가수익률
일반 적립식	11,900,000	21,836,500	83.50%	
A	57,800,000	113,405,109	96.20%	12.70%
B	28,400,000	58,430,037	105.70%	22.20%
C	13,100,000	27,775,260	112.00%	28.50%
D	99,300,000	199,610,405	101.00%	17.50%

자료: 동양증권 리서치센터

일반 적립식 투자의 경우 투자원금 11,900,000원에 수익률 83.5% 이다. 새로운 투자 방식은 C안(투자 원금 13,100,000원, 수익률 112%) > B 안(투자 원금 28,400,000원, 수익률 106%) > D안(투자 원금 99,300,000원, 수익률 101%) 순으로 수익률이 높았다. 일반적인 적립식 투자에 비해 새로운 투자 대안이 더 높은 수익률을 거두었다.

두 번째, 10년 동안 증시는 상승과 하락을 반복하면서 상승하였다. 이 기간을 상승 후 하락국면, 하락 후 상승국면, 하락국면, 상승국면으로 나누어 총 7개의 투자 기간을 선정하여 각각의 투자 결과를 비교해 보았다.

아래 표에서 볼 수 있듯이, ❶~❸국면에서는 2% 이상 하락 시 투자하는 B안의 결과가 가장 우수한 반면, ❹~❼국면에서는 C안의 투자결과가 가장 우수한 것으로 나타나 일반적인 적립식 투자에 비해 증시의 하락률을 활용한 새로운 투자방식이 우월함을 확인할 수 있었다. 한편, KOSPI의 등락률과 비교할 경우, 직관적으로도 알 수 있듯이 상승 후 하락국면과(❷) 지속 상승국면(❹,❻)에서는 KOSPI의 상승률이 가장 높게 나왔다.

지난 10년간의 KOSPI 등락률 분석 결과의 의미를 생각해보자면,

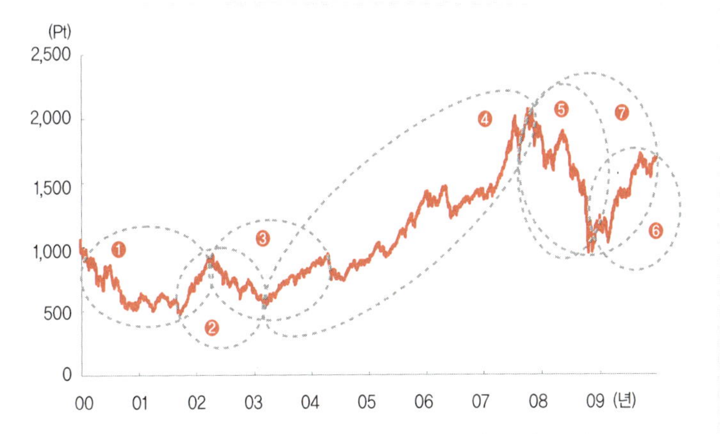

구분	① 국면	② 국면	③ 국면	④ 국면	⑤ 국면	⑥ 국면	⑦ 국면
일반적립식	45.6%	−25.9%	30.1%	103.6%	−42.6%	26.7%	15.3%
A	45.9%	−24.2%	35.4%	116.2%	−39.9%	35.2%	18.5%
B	46.1%	−22.7%	39.3%	115.7%	−36.2%	43.3%	26.9%
C	44.9%	−26.0%	36.7%	135.1%	−31.5%	52.4%	36.%
D	45.8%	−24.0%	36.7%	117.5%	−37.9%	40.5%	23.4%
KOSPI	−11.5%	9.1%	−0.2%	300.8%	−54.2%	77.8%	−18.5%

자료: 동양증권 리서치센터

긴 투자 기간에도 불구하고 전체 투자 수익률은 아주 짧은 기간 동안의 성과에 크게 연동되고 있고, 이 기간이 배제될 경우 수익률은 극명한 차이를 보여주게 된다는 것이다. 따라서 주식시장의 하락국면에서 공포감 또는 두려움 때문에 시장에 대한 투자를 중지하는 것은 바람직하지 않다.

일반 투자자의 입장에서 적용할 수 있는 가장 적절한 방법은 3년 내외의 투자 기간 동안 일반 적립식 투자와 함께 2~3% 이상 증시 하락 시 투자 방식을 적용하는 것이다. 이 경우 기존의 일반 적립식보다는 우수한 투자 성과를 얻을 수 있다. 이 방법은 주식형 펀드뿐만 아니라 ETF 또는 우량주식 투자에도 적용될 수 있다.

펀드는 꽃이다

바람과 햇빛도 쐬어 주고 물 주는 것도 잊지 말아야 하는 꽃처럼 펀드투자도 정성을 쏟아야 좋은 결과를 기대할 수 있다. 특히 다음의 3가지 관점에서 펀드에 관심을 가질 필요가 있다.

첫째, 기본적으로 3년 이상 투자하되, 3개월 또는 6개월 단위로 수익률을 점검해보고, 목표수익률이 달성되었을 때는 환매를 고려해 보아야 한다. 주식형 펀드를 3년 이상 투자하라는 이유 중 하나는 주식시장의 변동성 때문이다. 주식형 펀드에 1~2년 투자한다면, 하락 구간에만 있으면서 목표수익률을 거둘 수 있는 기회가 오지 않을 가능성도 있다. 하지만 투자 기간이 3년 이상으로 길어지면 투자 기간 안에 주식시장의 상승 구간이 포함될 확률이 대단히 높아진다. 시장이 상승 국면에 들어가 펀드가 목표수익률이나 목표금액을 충족시키면, 일단 환매를 해서 이익을 실현하도록 한다.

둘째, 정기적으로 펀드의 변화를 살펴서 비중 조정을 한다. 펀드 성과가 좋아져서 위험자산의 비중이 높아지면 일부를 환매하고, 시장상황이 나빠져서 위험자산의 비중이 낮아지면 추가 매수를 한다.

셋째, 장기적 전망에 따라 시장 대비 초과수익이 기대되는 펀드를 핵심펀드로 전체 포트폴리오의 70~80% 정도를 투자하고, 나머지를 시장 상황에 따라 위성펀드에 투자한다. 주식형 펀드 중 시장 상황을 따라가면서 꾸준한 수익이 기대되는 주식액티브 펀드나 주식인덱스 펀드가 핵심펀드에 알맞다. 반면, 일부 업종이나 일부 지역에 투자하는 펀드, 대안 투자펀드는 위성펀드에 포함하는 것이 일반적이다. 위성펀드의 비중이 20~30%를 넘지 않는지를 체크한다.

넷째, 일반 투자자들은 투자 펀드수가 많아지게 되면 펀드 포트폴리오 관리가 어려울 수 있기 때문에, 핵심펀드와 위성펀드를 합쳐 3~5개 수준으로 투자펀드의 개수를 제한하는 것이 좋다.

다섯째, 펀드의 수익률이 펀드가 속한 유형의 수익률과 비교하여 어느 정도인지를 점검해야 한다. 너무 단기간의 성과를 비교할 필요는 없지만, 1년 이상 속한 유형보다 부진한 성과가 계속될 때는 펀드의 교체를 고민해야 한다.

03 부자들이 좋아하는 ELS

주식시장의 불확실성이 높아지고 글로벌 경제에 대한 불안감이 높아지는 시점이면 어김없이 신문에 등장하는 문구가 있다. '지금 강남부자들은 어디에 투자할까?'란 문구다. 관련 기사를 살펴보면 빠지지 않고 언급되는 상품이 ELS다. 그럼에도 불구하고 2008년 금융위기를 계기로 많은 투자자들이 ELS 투자로 원금이 깨지는 아픔을 경험하다 보니, 일부 투자자들은 다시는 ELS에 투자하지 않는다고 결심하는 일도 있었다.

그러나 ELS를 좀 더 들여다보면 이만한 상품이 없을 정도로 안정성과 수익성을 모두 갖추고 있다. 어느 한 시점이라도 불확실하지 않은 상황이 있으랴마는 4%대에 머물고 있는 저금리 기조와 5%를 넘어선 물가상승률을 감안하면 다소의 위험성을 감안해도 자산증식을 위해서 필수적으로 고려해야 하는 것이 ELS다.

ELS는 국내 또는 해외의 주가지수나 특정 주식의 가격에 연계하여 수익이 결정되며, 옵션 등 파생상품 등을 이용하여 수익구조가 정해진다. ELS의 투자수익률은 원금보장 여부와 기초자산 및 원금손실 조건 등에 따라 달라진다. 상품 구조에 따라 조기 상환조건이 충족되면, 만기 이전에 수익을 거둘 수 있는 것도 ELS의 큰 장점이다. ELS는 시장 상황에 따라 다양한 형태로 발행이 되며, 상품별로 3~4일 정도의 투자 기간에만 판매가 된다.

따라서 ELS에 투자할 때는 자산관리 전문가의 도움을 꼭 받아야 한다. ELS는 투자금의 70~90%를 안정적인 국고채에 투자하고 나머지 투자금을 옵션 등 파생상품에 투자하여 수익을 얻는다. 옵션의 구조에 따라 손익이 결정되며, 원금보장형과 원금비보장형의 기본 구조는 다음과 같다.

원금보장형 & 원금비보장형

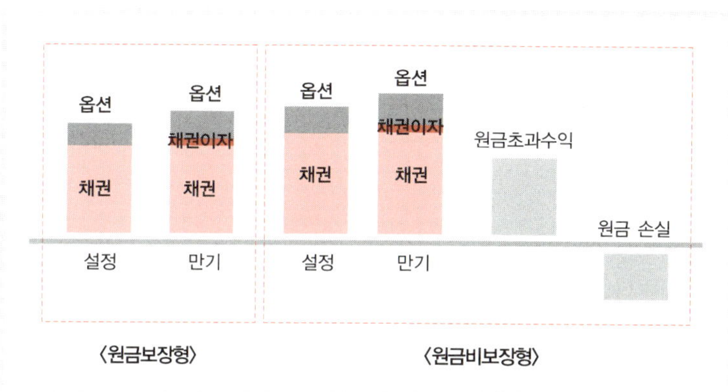

보수적 투자자는 원금보장형을 선택하자

원금보장형은 채권과 채권이자를 통해 원금보전을 추구하며 옵션을 사용하여 초과수익을 추구한다. 반면 원금비보장형은 옵션 투자에 따른 수익과 손실의 규모에 따라 손익이 정해지게 된다. 2008년 이전에는 원금비보장형 ELS의 규모가 훨씬 컸으나, 글로벌 금융 위기로 원금 손실이 난 ELS가 많아지면서, 최근에는 원금보장형 ELS의 발행 규모가 꾸준하게 커지고 있다.

보수적 투자자는 다소 수익이 낮아지더라도 원금보장형 ELS에 투자해야 한다. 원금비보장형 ELS에 투자할 때는 짧은 만기보다는 2년 이상의 만기를 가진 상품에 투자하는 것이 유리하다. 시장에 예상하지 못한 충격이 오더라도 회복할 때까지 여유를 두면 원금 손실 가능성이 낮아지기 때문이다.

ELS의 원금보장형과 원금비보장형 발행 금액

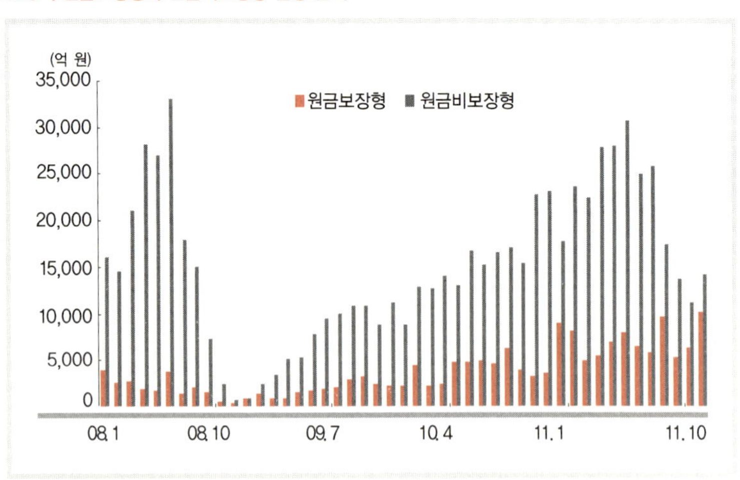

자료: 한국예탁원

참여율로 수익률이 결정된다

참여율은 기초자산 상승률에 대비하여 보장받을 수 있는 일정한 비율을 말한다. 아래 제시된 ELS는 참여율이 55%인 상품이다. 만기에 고객이 얻을 수 있는 수익률은 기초자산 가격 변동비율에 참여율을 곱한 값이다. 예를 들어 기초자산 상승률이 30%일 때 고객의 수익률은 16.5%(55%×30%)가 된다.

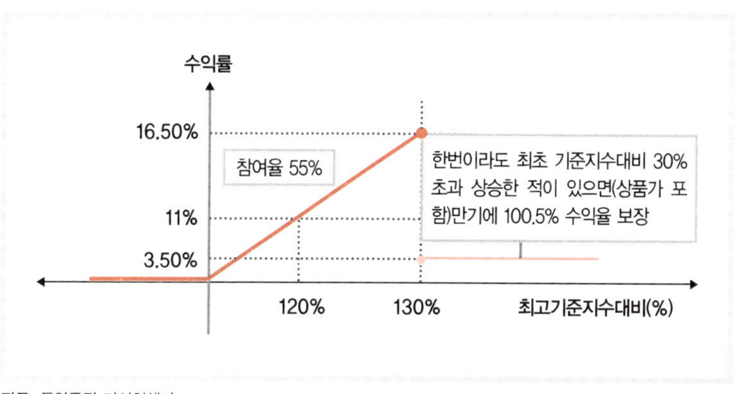

자료: 동양증권 리서치센터

녹인과 녹아웃이 수익 구조를 바꾼다

ELS는 미리 정한 조건에 따라 녹인(Knock in)과 녹아웃(Knock Out)이 존재한다. 녹인과 녹아웃이 발생하면, 상품의 수익 구조가 변하게 된다. 2011년 8월 동양증권에서 발행된 《동양MYSTAR ELS》 제1726호의 실제 예를 보면서 녹인과 녹아웃을 이해해보자.

- 만기 : 3년 만기(6개월마다 조기상환 가능)

- 기초자산 : KOSPI200, HSCEI

- 평가일 : 2011년 8월 26일

- Knock-in : 40%

- 조기상환 조건 : 6개월 및 12개월 후 평가가격이 기준지수의 90% 이
  상일 경우, 18개월 및 24개월 후 평가가격이 기준지수의 85% 이상
  일 경우, 30개월 및 36개월 후 평가가격이 기준지수의 80% 이상일
  경우, 연 10%의 수익률로 조기상환됨.

평가일인 2011년 8월 26일에 KOSPI 200과 HSCEI는 각각 229.00

ELS의 녹인(knock-in) 사례

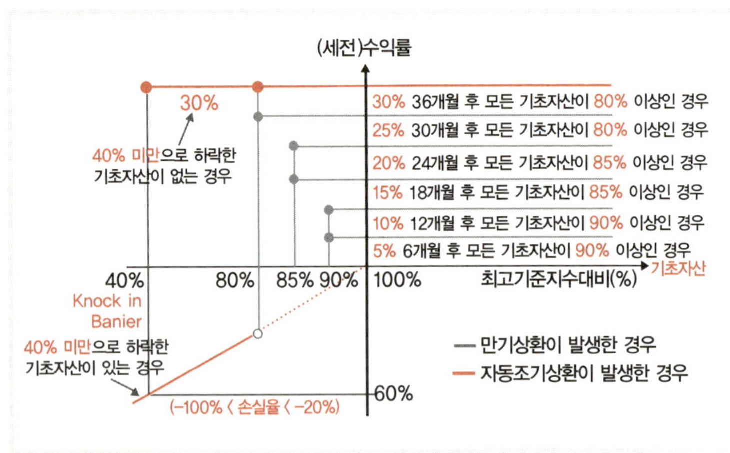

자료: 동양증권 리서치센터

와 10,299.58을 기록하였다. 만약 KOSPI가 91.6, HSCEI가 4,119.8 이하로 내려가지 않는다면 연 10%를 받을 수 있다.

두 지수가 평가일 지수의 40% 아래로 내려가게 되면 녹인이 발생하게 된다. 녹인이 발생하면, 지수의 40% 이상만 되도 연 10%를 주던 구조에서 만기 시 모든 자산이 평가일의 80%까지 올라와야 수익이 발생하는 구조로 변하게 된다.

녹아웃은 원금보장형 상품에 많이 사용된다. 《동양MYSTAR ELS》 제1739호를 예로 들어보자. 원금보장형으로 가입 이후 지수가 상승하면 상승분의 115%를 얹어 주는 수익구조로 되어 있다.

- 최초 기준가 : 2011년 9월 2일 KOSPI200 240.16, HSCEI 10,664.45
- 배리어(Barrier) : KOSPI200 276.184, HSCEI 12,264.12
- 목표수익률 : 최대 17.25%

만기 상환이 되는 경우는 다음과 같다.

1) KOSPI200과 HSCEI 둘 중 하나라도 최초 기준지수의 115%를 초과하면 → 2%

2) KOSPI200과 HSCEI 둘 중 하나라도 만기평가일까지 최초 기준지수의 115%를 초과하여 상승한 적 없고,

2-1) 100% < KOSPI200과 HSCEI 수익률 < 115% → 상승률 작은 기초자산 만기수익률 × 115%

2-2) KOSPI200과 HSCEI 수익률 < 100% → 0%

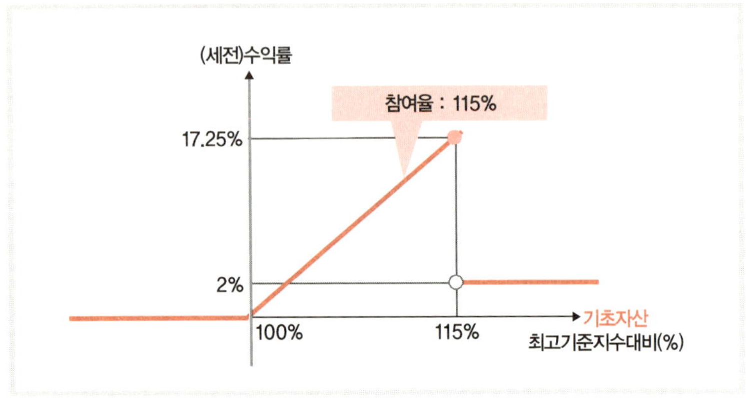

자료: 동양증권 리서치센터

즉, 녹아웃형은 115%라는 녹아웃 조건을 초과 상승했는지 여부를 기준으로 수익 구조가 변화하게 된다.

일단 만기 투자를 목표로 한다

대부분 ELS의 만기는 2~3년이며, 일반적으로 6개월마다 조기상환 기회가 주어진다. 조기상환이 되는 경우가 늘어나면서 ELS의 조기상환이 당연한 것처럼 생각하여 1~2년 투자가 가능한 돈을 투자하는 경우가 늘어나고 있다. 하지만 경제상황은 돌발적인 사건이 많기 때문에 ELS가 항상 조기 상환되는 것이 아니므로, ELS는 만기까지 투자가 가능한 자금으로 해야 한다.

과거 사례를 찾아보면, 글로벌 금융위기 같은 경제 전반에 큰 충격이 오거나, 개별 종목의 악재로 ELS의 조기 상환이 어려워진 예가 있다. 조기상환은 투자의 보너스라고 생각하는 것이 마음 편하다.

ELS 투자의 장단점과 유의할 사항

먼저 ELS의 장점과 단점을 비교하면 아래 표와 같다.

ELS의 장점 vs 단점

장 점	단 점
기초 자산의 가격 변동 위험을 효과적으로 관리 가능	기초 자산의 가격 변동이 수익에 그대로 반영이 될 수 있음
상승 또는 하락 시 수익이 발생할 수 있는 양방향 수익 구조 가능	상품 구조와 시장 상황에 따라 원금 손실 가능성 있음
투자자와 시장 상황에 따라 다양한 구조 상품에 투자 가능	상품 구조가 복잡하여 이해하기 어려울 수 있음

자료: 동양증권 리서치센터

그리고 투자자의 입장에서 ELS 투자 시 주의할 점을 정리하면 다음과 같다.

① 주가급락에 따른 원금손실 가능성

위험자산이므로 기초자산 가격 급락 시 원금손실이 불가피하다.

② 발행사 리스크

발행사(증권사)는 제시한 상환 조건의 이행 여부(상환조건에 의한 원금과 수익금의 지불)를 보장한다. 원금보장형 또는 비보장형 ELS에 편입된 자산의 가치변동 및 파생상품의 조건 변경과 관계가 없다. 같은 조건의 ELS라고 해도 발생 증권사의 신용도가 높을수록 좋다.

③ 단기 투자 부적합

만기가 다양하고 대부분의 경우 중도에 조기상환 기회가 부여되고 있다. 하지만 조기상환을 위해서는 일정 조건이 충족되어야 한다. 자동 조기상환 기간이 아닌 경우에 중도상환을 요청하면, 일반 주식형 펀드에 비해 월등히 높은 환매수수료가 적용된다. 따라서 단기 투자자에게 ELS 투자는 적절하지 않다

④ 다양한 상품 구조와 상환 방식

기초자산의 가격 움직임, 원금보장 여부, 투자 기간에 따라 다양한 구조의 상품이 출시되고 있으며 보통 2~4일간의 청약 과정을 거쳐 경쟁률에 따라 발행 금액이 정해진다. 반드시 자산관리 전문가와의 상담이 필요하다.

⑤ 배당소득세 부과

ELS 상품의 투자수익은 배당소득세가 부과된다. 금융소득종합과세 대상자는 종합소득에 합산해서 과세가 된다.

알고 보면 보물이 숨어있는 주식형 채권

아마도 모든 투자자들의 고민은 똑같을 것이다. 고수익을 얻을 수 있으면서 원금이 깨지지 않는, 다시 말하면 수익성과 안정성 모두를 얻을 수 있는 금융상품을 찾는 것이다. 그러한 고민에 가장 근사한 답은 주식형 채권이라고 할 수 있다.

전환사채(CB, Convertible Bond), 신주인수권부사채(BW, Bond with Warrant), 교환사채(EB, Exchangeable Bond)가 바로 주식의 성격과 채권의 성격을 모두 가지고 있는 주식형 채권이다. 부자들의 투자 상품 관련 언론기사에서도 자주 언급되고 있으며, 목돈을 만들기에 좋은 상품으로 여러 목적자금에 두루 적용될 수 있다. 그러면 전환사채, 신주인수권부사채, 교환사채에 대해서 좀 더 자세히 알아보도록 하겠다.

주식으로 바꿀 수 있는 전환사채

채권은 국가 및 회사에서 발행하며, 투자자에게 정기적으로 이자를 지급한다. 시중 금리가 올라가면 채권 가격은 떨어지고, 시중 금리가 낮아지면 채권 가격은 올라가게 된다. 채권에 투자하면 이자 수익과 함께 금리 변화에 따른 차익을 얻을 수 있다.

전환사채(CB, Convertible Bond)는 채권에 주식으로의 전환권이 포함되어 있다. 전환권은 일정 조건(전환가격 등)에 따라 일정한 시점(전환가능 기간)에 발행회사 주식으로 전환하여 취득할 수 있는 권리를 말한다. 투자자 입장에서 전환사채는 해당 기업의 주가가 상승할 경우 시세차익을 기대할 수 있으며, 주가가 하락할 경우에는 채권에서 이자를 받을 수 있다.

전환사채는 만기 시 정해진 만기상환율(전환사채가 만기가 될 때까지 가지고 있는 경우 지급되는 이자)이 있으며, 부채상환 우선 순위는 일반채권과 같다. 전환사채를 보유하고 있는 투자자가 전환권을 행사하여 전환사채를 주식으로 전환하면 전환사채는 주식의 특성만을 보유하게 된다.

동양종금증권 전환사채와 하이닉스 전환사채의 예를 들어 좀 더 자세히 설명하면 다음과 같다.

동양종금증권은 2005년에 표면이율 5.5%(만기보장 수익률 8%), 전환가격 5,500원(당시 시장가격 4,700원)의 조건으로 3년 만기 전환사채를 발행하였다. 동양종금증권 전환사채를 보유한 투자자 입장에서 만기까지 동사의 주가가 5,500원을 넘지 못하면 전환권을 행사할 필요가 없다. 그럴 경우 투자자는 매년 5.5%의 이자를 받고 만기에 원금과 함께 18.16%의 이자를 받게 되어 연 8%의 수익을 얻게 된다.

동양종금증권의 실적개선으로 주가가 크게 오를 경우 투자자는 전환권을 청구하여 채권을 주식으로 전환하고, 주식을 팔아 더 큰 수익을 얻을 수 있다. 실제로 2005년 4월 위와 같은 조건으로 발행된 동양종금증권의 주가는 2005년 연말 종가가 10,000원이었다. 단순하게 내재가치(=10,000/5,500 x 100)만 계산해도 82%이며, 실제로 장내채권으로 거래되던 동사의 전환사채는 프리미엄까지 100%의 수익률을 기록하였다.

하이닉스는 2008년 9월 5일에 전환사채를 발행하였는데, 만기일은 2013년 9월 5일(만기 5년), 표면금리는 3.0%(3개월 이표), 만기보장수익률은 5.8%, 발행금액은 5,000억 원, 전환가는 24,960원, 전환청구 개시일은 2008년 10월 5일이었다.

위 조건의 전환사채 발행일 하이닉스 주가는 17,350원이었다. 주가만 보자면 43.8% 상승해야만 전환권의 실질적인 가치가 생기는 상황이었다. 그러나 하이닉스가 부도만 나지 않는다면 만기 보유 시 연 5.8%를 확보할 수 있는 상황이었고, 반도체 경기의 업황 개선이 기대 되고 있었다. 만약 주가가 상승할 경우 주식 전환을 통해 또는 전환사채의 장내매도를 통해 추가 수익을 기대할 수 있는 상황이었다.

결과적으로 하이닉스의 주가는 5,000원대까지 하락하기도 했으나, 2010년 4월 주가가 30,000원에 근접하는 상승세를 보이면서 전환사채 투자자 또한 20% 이상의 수익률을 얻을 수 있었다. 하이닉스 주가가 고점을 형성한 2011년 4월을 기준으로 하면 약 60%에 달하는 수익률을 달성할 수 있었다.

앞의 동양종금증권 전환사채가 지속적인 주가상승으로 이른바 대박 수익률을 가져다준 대표적인 사례라면, 하이닉스 전환사채의 경우 주가의 급등락으로 매도시점에 따라 수익률이 천차만별이었던 대표적인 사례였다. 하지만 수익률이 천차만별이었던 하이닉스 전환사채의 경우에도, 특히 금융위기가 최악의 국면으로 치닫는 상황에서 확정이자를 받고, 이후 주가 상승에 따른 차익을 거둘 수 있었다는 점에서 전환사채의 투자매력을 여실히 보여준 사례라 하겠다.

물론 전환사채 투자에 수반되는 단점도 있다. 전환사채 또한 채권 장내매매를 통해(증권사 HTS를 통해 매매할 수 있음) 실시간으로 사고팔 수 있는 상품이지만 신용등급이 낮거나 소액 전환사채의 경우 거래량이 적다.

전환사채에 투자할 때는 발행회사의 경영 악화에 따른 원리금 지급 불능 등의 위험이 있는지도 알아보아야 한다. 전환사채는 주식과 채권 시장 상황에 대한 이해가 필요하므로, 자산관리 전문가의 조언이 꼭 필요하다.

신주를 우선적으로 살 수 있는 신주인수권부사채

신주인수권부사채(BW, Bond with Warrant)는 채권에 새로운 주식의 발행을 요청할 수 있는 권리(신주인수권)가 포함되어 있다.

신주인수권이란 '워런트'(Warrant)라고 부르며, 신주인수권부사채를 발행한 기업에게 사전에 정해진 가격에 주식으로의 교환을 요청할 수 있는 권리다. 신주인수권을 주식으로 바꾸려면, 주식 1주당 약속된 행사가격만큼 지불해야 하며 주식을 받을 때까지는 보통 2주일 정도 걸린다. 신주인수권부사채는 사채(Ex-warrant)와 신주인수권(Warrant)으로 분리되어 발행, 거래될 수 있다.

신주인수권 투자자들은 주식을 직접 살 때 지불하는 주식가격보다 적은 금액인 프리미엄만 지불하면 된다. 즉 적은 금액의 투자로 많은 투자 수익을 얻을 수 있는 레버리지 효과를 거둘 수 있다.

전환사채는 전환되지 않은 경우 발행 시 표면이율보다 높은 만기상환율로 상환이 된다. 하지만 신주인수권부 사채가 만기까지 신주인수권을 행사할 수 없을 때는 신주인수권은 가치가 없어진다. 그런 의미에서 신주인수권은 성격상 옵션과 비슷하다.

기아자동차의 사례를 통해 자세히 설명하겠다.

기아자동차는 2009년 3월 19일에 신주인수권부사채를 발행하였는데, 그 조건은 다음과 같았다.

만기일은 2012년 3월 19일, 신용등급은 AA-, 표면이율은 1%, 만기보장수익률은 5.5%, 신주인수권 행사가격은 6,880원, 행사시작일은 2009년 4월 19일이었다. 공모 당시 주가는 8,000원이었는데, 신주인수권 행사가 가능한 4월 20일의 주가는 9,800원이었다.

기아자동차 신주인수권부사채 1,000만 원을 보유했을 때 신주인수권을 행사할 경우 1,450주를 보유할 수 있다. 신주 행사를 하고 당일 종가로 매도했다고 가정하면(일반적으로 신주인수권 행사 후 주식을 수령하는 데 약 2주간의 시간이 소요됨), 수익률은 42.1%에 달한다'수익률＝(1,450주×9,800원－1,000만 원)/1,000만 원'.

만약 해당 신주인수권부사채를 지금까지 가지고 있다면 어떻게 될까? 2011년 9월 말 기준으로 기아차의 주가는 71,900원이다. 계산은 투자자 여러분이 한번 해보시길 바란다. 얼추 잡아도 1,000%가 넘는다. 3년 반 만에!

주식으로 바꿀 수 있는 교환사채

교환사채(EB, Exchangeable Bond)란 기업들이 보유하고 있는 자회사 또는 다른 회사 주식을 특정 가격에 교환해 주기로 하고 발행하는 회사채를 말한다. 즉, 채권에 주식 교환권이 포함되어 있다. 이때 교환 대상 유가증권은 상장유가증권(상장주식)으로 제한된다.

교환사채와 전환사채는 일정기간 내에 보유 사채를 주식으로 교환해 준다는 점에서 같다. 즉, 확정이자를 받는 채권으로서의 안정성과 주식의 수익성을 함께 가지고 있다. 주식과 채권의 중간적 형태를 취하며, 교환권이나 전환권을 행사하면 채권은 소멸한다는 점, 회사의 자금 조달을 용이하게 할 수 있는 점에서도 유사하다.

투자자 입장에서는 전환사채와 마찬가지로 교환 대상의 주가가 낮

	CB	BW	EB
비 교	주식으로 전환 가능한 채권(자기주식만 가능)	채권과 주식으로 전환 가능한 워런트	주식으로 전환 가능한 채권 (상장법인이 보유한 주식)
사채권리	주식 전환 시 채권 소멸	신주인수를 받아도 채권으로서의 권리 남음	주식 전환 시 채권 소멸
장 점	채권 이자 수령 주식 가격이 상승하면 수익 발생	채권 이자 수령 주식 가격이 상승하면 수익 발생	채권 이자 수령 회사가 보유한 주식으로 교환 가능(자사주도 가능)
단 점	주식 가격이 하락하면 전환권 가치 없어짐	일반 채권보다 낮은 이자	일반 채권보다 낮은 이자

자료: 동양증권 리서치센터

을 경우에는 채권 이자와 함께 만기에 현금으로 상환하고 주가가 높을 경우 주식으로 교환할 수 있다.

주식형 채권은 주식과 채권의 성격을 모두 가지고 있는 만큼 투자할 때 검토할 사항도 많다. 특히, 채권 측면에서 발행사의 부도 리스크와 주식 측면에서의 주가 상승 가능성 등이 중요하기 때문에 다른 어떤 상품보다 자산관리 전문가의 조언이 꼭 필요하다.

회사가 주식형 채권을 발행할 때만 투자 가능하다는 점도 투자자에게는 제약 조건이 된다. 고수익을 올릴 수 있는 주식형 채권도 있지만, 투자 매력이 낮은 주식형 채권도 있으므로 조건이 유리한지 불리한지를 따질 때 반드시 자산관리 전문가의 조언을 들어야 한다.

안정성이 중요할 땐 예적금과 채권형 펀드

안전자산의 스테디셀러 예금과 적금

수십 년 동안 우리나라 투자자들의 가장 중요한 투자상품은 은행 예금과 적금이었다. 저금리 상황이라 하더라도 전체 자산 중에서 일정 부분은 안전자산에 넣어야 한다. 따라서 예금과 적금으로 대표되는 안전자산은 여전히 중요한 위치를 점할 수밖에 없다.

2011년 12월 기준금리는 3.25%이며 4%가 넘는 물가상승률을 감안하면 실질금리는 마이너스이다. 예금과 적금의 이자지급 시에도 원천징수하는 이자소득세(15.4%)가 있으므로 실제 수익률은 더 낮아진다. 이러한 저금리 환경에서는 세금을 내지 않는 비과세 상품이나 세금을 적게 내는 세금우대상품을 최대한 활용하는 것이 중요하다. 절세가 가능한 금융상품에 대해 알아보자.

먼저 비과세 생계형 저축은 서민생활의 안정과 노인복지를 위해 판매하는 상품으로 가입 대상자가 정기예금 등 다양한 금융상품에 가입한 뒤 생계형으로 지정하면 이자소득이 비과세된다. 가입 대상자는 만 60세 이상 거주자, 장애인복지법 제29조의 규정에 의해 등록된 장애인, 국가유공자, 독립유공자의 유가족, 국민기초생활보장법에 의한 수급자 등이다. 1인당 가입 한도는 원금기준 3,000만 원이며 은행, 증권, 보험, 신협 등 모든 금융기관에서 가입할 수 있다.

다음으로 세금우대종합저축은 이자소득에 대해 9.5%(주민세 면제, 소득세 9%, 농특세 0.5%)의 세금을 원천징수한다. 이자소득세 15.4%보다 세율이 5.9% 낮다. 세금우대종합저축은 생계형 저축과 달리 금융상품 가입 기간이 1년 이상이어야 한다. 만 60세 이상 거주자, 장애인복지법 제29조의 규정에 의해 등록된 장애인, 독립유공자와 그 유가족, 국민기초생활보장법에 의한 수급자는 3,000만 원 범위에서 가입할 수 있다. 일반인(만 20세 이상)의 가입 한도는 1,000만 원이다. 2014년까지 전 금융기관에 중복 가입이 가능하지만 한도는 모든 가입 금액을 합산하여 관리한다.

그리고 세금우대예탁금은 20세 이상으로 새마을금고, 농·수·신협에서 가입이 가능하다. 취급 금융기관 합산 3,000만 원을 한도로 2012년 말까지 발생한 이자소득에 한하여 농특세 1.4%만 과세된다. 가입 조건은 해당기관 조합원 또는 준조합원이다. 2013년 5%, 2014년 9%의 저율과세 적용이 예정되어 있다.

구 분	생계형 저축	세금우대종합저축	세금우대예탁금
20세 이상	X	1,000만 원	3,000만 원
만 60세 이상	3,000만 원	3,000만 원	3,000만 원
장애,국가유공자,독립유공자의 유가족, 국민기초생활보장법에 의한 수급자 등	3,000만 원	3,000만 원	3,000만 원

자료: 동양증권 리서치센터

저축상품 가입 한도

(단위: 원)

구 분		생계형 저축	세금우대종합저축	세금우대예탁금	과 세
원 금		10,000,000	10,000,000	10,000,000	10,000,000
세전 이자		400,000	400,000	400,000	400,000
세 금	소득세	–	36,000	–	56,000
	주민세	–	–	–	5,600
	농특세	–	2,000	5,600	–
세후 이자		400,000	362,000	394,400	338,400
실지급액		10,400,000	10,362,000	10,394,500	10,338,400

※계약금액: 1,000만 원 /계약 기간: 12개월 /이자 구분: 단리지급 /약정 이율: 연4.0%

자산관리에 관심이 많은 투자자들은 시중 은행보다 높은 금리를 제시하는 저축은행을 애용하고 있다. 예금자보호법의 내용을 잘 알면 보다 안전하게 저축은행을 이용할 수 있다.

예금자보호법은 금융기관이 파산할 때 예금자의 예금을 보호하기 위해 만들어진 법이다. 예금보험공사가 금융기관으로부터 보험료를 받아 기금을 적립하여 금융기관이 파산할 경우에 대신 예금을 지급한다. 단, 다음과 같은 조건 아래에서 지급한다.

① 예금자 1인당 예금의 원금과 이자 합계 5,000만 원까지 보호한다.

② 보호한도는 금융기관별, 예금자 개인별로 정해진다.

③ 양도성 예금증서, 외화예금, 은행발행채권, 실적배당 신탁상품, 환

매조건부채권, 농수협중앙회 공제상품, 신용협동조합 공제상품은
제외한다.

④ 새마을금고는 새마을금고법에 따라 금고별로 1인당 5,000만 원까
지 보호한다.

개인투자자도 채권형 펀드에 투자할 수 있다

일반적으로 혼합형 펀드나 채권형 펀드에 투자하는 개인이 많지 않기 때문에, 개인투자자에게 펀드란 주식형 펀드를 지칭하는 경우가 많다. 하지만 알고 보면 채권형 펀드는 많은 장점을 가지고 있다. 일단 국공채부터 회사채, 해외 하이일드펀드까지 투자자의 위험 성향에 따라 다양한 선택이 가능하다. 채권형 펀드는 채권의 이자수익과 매매차익을 동시에 추구하며, 편입되는 채권의 종류에 따라 국공채형과 회사채형, 전환사채 등으로 구분이 된다. 국공채 펀드는 국채, 통안채, 예보채와 같이 신용도와 안정성이 높은 채권에 투자하며, 수익률은 은행 예금보다 약간 높다. 회사채 펀드는 자산 중 일정 부분을 회사채에 투자하며, 일반적으로 국공채 펀드보다 수익률이 높다.

채권형 펀드는 주식형 펀드처럼 변동성이 크지 않으며, 대체로 은행 금리보다 높은 수익률을 시현하고 있다. 회사채에 투자하는 채권형 펀드 3년 수익률은 15%를 넘어서고 있다. 운용사에 따라 성과 차이가 나므로 펀드 선택 시에는 운용사의 과거 성과나 투자 철학 등을 잘 살펴보아야 한다.

펀 드 명	운 용 사	설 정 일	순자산 (억원)	수 익 률			
				1년	2년	3년	설정이후
채권형펀드			65,204	4.77	11.91	16.15	
동양장기회사채 1 (채권)C- 1	동양	2008-11-06	133	4.13	12.12	27.97	33.27
동양매직국공채 1 (국공채)C- 1	동양	2007-10-04	104	4.89	13.20	22.94	35.29
동양High Plus 1 (채권)A	동양	2005-04-27	654	4.27	12.66	22.60	48.50
하이굿초이스 1 [채권]C 1	하이자산	2004-11-24	361	4.39	11.39	18.99	53.23
하나UBS장기 1 [회사채]Class C	하나UBS	2008-10-29	74	3.79	9.92	18.04	20.58
미래에셋엄브렐러 전환형(채권)종류C-i	미래에셋(자)	2007-05-08	252	6.14	14.79	17.98	33.00
PCA코리아밸류M- 1 [채권]Class C-F	PCA	2008-12-08	2,991	4.39	11.36	17.78	21.84
교보악사Tomorrow 장기우량K-1(채권)ClassA	교보악사	2006-09-05	13,073	5.15	13.48	17.58	33.06
미래에셋개인연금 전환형 1(채권)	미래에셋(자)	2006-06-21	117	5.90	13.81	17.44	37.51
한화장기회사채형 1 [채권]종류C	한화	2008-10-28	396	4.38	11.26	17.38	20.98
삼성ABF Korea 인덱스[채권](A)	삼성	2005-04-26	2,745	5.99	14.52	16.83	40.87
한국투자장기 회사채형 1(채권)(C)	한국운용	2008-11-03	889	3.57	7.43	14.90	19.01
신한BNPP디딤씨앗 국공채[채권]	신한BNPP	2007-05-23	400	3.79	9.57	14.18	26.64
세이하나로(채권)	SEI에셋	2005-05-19	126	3.60	9.52	13.99	37.01
뉴개인연금채권S- 1	하나UBS	2000-08-23	599	3.21	7.68	13.93	62.55

자료: 제로인, 2011년 말 기준, 순자산 50억 원 이상

06 직장인의 필수품, 퇴직연금

오래 사는 삶이 저주가 아닌 축복이 되기 위해서는 젊었을 때부터 준비가 필요하다. 하루라도 빨리 준비를 서두른다면 따뜻한 노후를 보낼 수 있을 것이다. 그리고 이러한 준비의 일환으로 적어도 퇴직연금은 노후를 위해서 함부로 손을 대서는 안 된다. 이렇게 중요한 퇴직연금은 기업이 사내에 적립하던 퇴직금 제도를 대신하여 2005년에 실시되었다. 퇴직연금은 금융기관에 매년 퇴직금에 해당하는 금액을 적립해서 근로자가 퇴직할 때 연금 또는 일시금으로 지급받아 노후준비가 가능하다.

자기에게 맞는 퇴직연금 유형을 고른다

퇴직연금 제도는 크게 3가지 형태로 구분된다.

첫째, 확정급여형(DB형)으로써 근로자의 퇴직 급여 수준이 사전에 확정되고 기업이 적립금 운용을 책임진다.

둘째, 확정기여형(DC형)으로써 기여금이 사전에 확정되고 근로자의 적립금 운용 실적에 따라 퇴직 급여가 변동된다.

셋째, 개인퇴직계좌(IRA)로써 퇴직연금 가입 근로자의 중도 퇴직 시 통산 제도로 활용된다.

퇴직연금 제도는 장기적으로 근로자의 노후생활 안정에 무게 중심을 두어 수급권을 강화하였다. 동시에 적립금의 안정성을 위해 위험자산에 대한 투자 비중을 제한하였다.

근로자 입장에서도 퇴직연금은 장기간 투자하기 때문에 신중하게 투자 결정을 해야 한다. 확정급여형(DB형)이라면 운용에 대한 결정을

퇴직연금 유형별 비교

구　　　분	퇴직금	확정급여형(DB)	확정기여형(DC)
비용부담 주체	사용자	사용자	사용자
비용부담 수준	연간 임금 총액의 30일분 이상	퇴직금과 동일	퇴직금보다 많거나 적을 수 있음
퇴직급여 형태	일시금	연금 또는 일시금	연금 또는 일시금
적립 방식	사내 적립	부분 사외 적립(최소 60%)	전액 사외 적립
수급권 보장	부분 보장	부분 보장	전액 보장
운용 결과 책임	사용자	사용자	근로자
적합한 근로자 및 기업 형태	도산 위험이 없고, 임금상승률이 높은 근로자	도산위험 낮고, 퇴직연금수급자 관리 능력 있는 기업	연봉제 또는 직장이동이 빈번한 근로자, 체불위험 있는 기업

사용자가 하지만, 근로자 본인이 직접 운용을 해야 하는 확정기여형(DC형)이나 개인퇴직계좌(IRA)는 근로자가 투자 결정을 해야 한다. 투자 결정 시에는 위험자산 투자를 통한 수익성 제고를 위해 자산관리 전문가와의 상담을 통한 투자 결정이 필요하다.

국내 퇴직연금은 적립금의 93.5%가 원리금 보장 상품이고, 만기 1년 이하 상품의 투자 비중이 75%에 이르고 있다(2010년말 기준). 퇴직연금의 도입 초기이므로 제도적으로도 안정성이 강조되고, 사용자와 근로자도 투자 경험이 많지 않아 원리금보장형을 선호하여 원리금 보장상품의 비중이 높다.

확정기여형(DC형)과 개인퇴직계좌(IRA)는 적립금의 운용 수익률이 임금인상률보다 높아야 확정급여형(DB형) 수준 이상의 퇴직급여를 수령할 수 있다. 따라서 지나치게 확정금리형 상품, 채권형 상품 등

퇴직연금: 원리금보장형과 실적배당형 비율

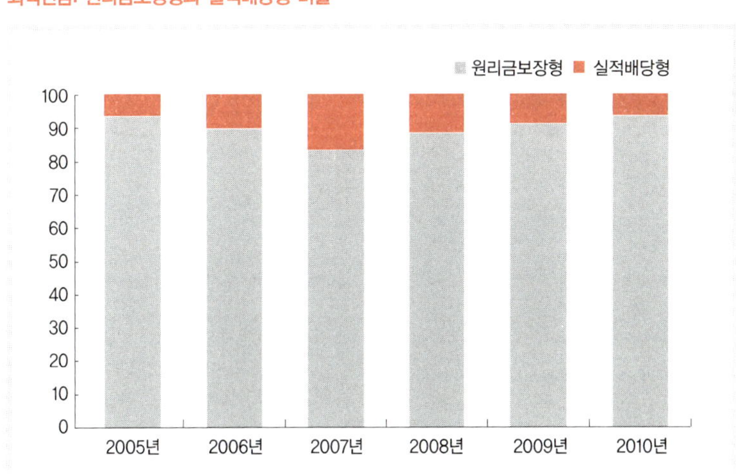

자료: 노동부

안전자산 위주로 자산 배분을 하게 되면, 수익률이 낮아지게 된다.

현행 제도 하에서는 확정기여형(DC형)과 개인퇴직계좌(IRA)에 주식자산이 40% 이상 편입된 펀드를 투자할 수 없다. 실제 모든 펀드를 채권혼합형으로 선택을 해도 퇴직적립금의 주식의 최대 투자 비중은 40%가 되므로, 최소한의 안정성은 보장된 상태다.

퇴직연금은 시스템상으로도 위험자산의 비중을 높게 가져갈 수 없으므로 안정성에 대해 지나치게 걱정할 필요는 없다. 오히려 수익률 제고를 위하여 일정 부분 주식 자산이 편입된 펀드에 투자하는 것이 필요하다. 상대적으로 투자 기간이 길기 때문에 장기적인 관점에서 투자할 수 있다.

성과가 나쁜 펀드는 빨리 교체한다

퇴직연금에 있어서 또 한 가지 중요한 것은 가입한 상품이 유형 대비 어느 정도의 성과를 보이는지 꾸준히 체크해야 한다는 점이다. 만일 성과가 나쁜 펀드에 계속해서 투자하면 노후 자산이 줄어들기 때문이다.

퇴직연금은 10~20년 이상 운용 성과가 누적되기 때문에, 성과가 부진한 펀드에 계속 투자하는 것은 노후 대비에 큰 손실이 될 수 있다. 따라서 6개월이나 1년마다 펀드 성과를 유형 성과와 비교해보고, 성과가 부진할 때는 펀드를 교체하는 것을 잊지 말아야 한다.

07 노후준비의 필수품, 개인연금

국민연금은 기초생활을 보장하고, 퇴직연금은 안정적인 생활을 약속
하며, 개인연금은 여유 있는 노후를 위한 밑바탕이 된다. 회사원이라
면 국민연금과 퇴직연금(퇴직금)은 기본적으로 보유하게 된다. 하지만
개인연금을 준비하는 사람은 생각보다 많지 않다.

개인연금은 개인이 스스로 준비하는 연금으로써 연금저축과 연금
보험으로 나눌 수 있다. 연금저축은 연말정산에서 소득공제 혜택을
받을 수 있으며, 연금보험은 소득공제는 없지만 10년 동안 유지하면
비과세 혜택을 받을 수 있다.

소득공제혜택을 받는 연금저축

연금저축은 연간 400만 원 한도 내에서 소득공제혜택을 받을 수 있으므로, 높은 세율을 적용 받는 고소득자에게 유리하다. 연금저축은 연금저축펀드와 연금저축보험, 연금저축신탁으로 나눌 수 있다. 연금저축상품은 소득공제와 함께 과세이연이 가능하기 때문에 세금 절약을 위한 세테크 면으로도 강점을 가지고 있다.

연금저축은 5년 이내에 중도 해지하면 해지 가산세 2.2%를 내고, 중도 해지 또는 5년 이상의 연금으로 수령하지 않고 일시 환급 방식으로 돌려받으면 22%의 기타소득세가 부과된다는 점에 유의해야 한다.

연금저축 상품은 상품간에 계약을 할 수 있다는 것도 장점이다. 계약이전 제도란 연금저축 가입자가 다른 기관으로 연금저축을 이전할 때, 소득공제 및 이자소득세 등 세제혜택을 계속 부여하는 것이다. 계약이전에 따른 해지에 대해 조세특례제한법상 해지로 보지 않음으로써, 세제상 불이익이 없다.

예를 들어, 은행의 연금신탁에서 계약이전을 통해 증권사의 연금펀드로 전환하는 것이 가능하다. 물론 금융기관에 따라서 소정의 이전 수수료는 내야 한다. 주의할 점은 1994년 6월부터 2000년 12월 사이의 개인연금저축과 2001년 1월에 도입된 연금저축간에는 소득공제한도, 소득세 부과기준 등이 각각 다르므로 상호이전이 이루어지지 않는다는 점이다.

연금저축 상품 비교

	신탁형		보험형	
기관	은행	자산운용회사	생명보험사, 우체국, 생명공제	손해보험사
납입방식	자유적립	자유적립	정액	정액
연금지급방식	확정기간	확정기간	확정기간 종신연금	확정기간
상품형태	채권형 주식형	국공채형, 채권형, 주식형, 혼합형	고정금리형 금리연동형	고정금리형 금리연동형
배당형식	실적배당	실적배당	원리금보장형	원리금보장형
예금자보호	5천만 원까지 보호	해당없음	생명보험사는 5천만 원까지 보호, 우체국은 정부 지급 보장, 생명공제 해당없음	5천만 원까지 보호

연금저축 펀드

펀 드 명	운용사	펀드유형	설정일	순자산 (억 원)	수익률			
					1년	2년	3년	설정 이후
하나UBS인Best증권 1	하나UBS	주식펀드	2001-02-01	5,985	-13.02	3.67	58.98	265.03
미래에셋라이프사이클2030증권전환형자 1	미래에셋(자)	주식펀드	2005-10-26	3,901	-13.91	-1.06	46.67	53.23
한국투자골드플랜증권전환형 1	한국	주식펀드	2001-01-31	2,898	-16.02	4.05	70.78	264.83
뉴개인주식혼합S- 1	하나UBS	혼합펀드	2000-08-28	2,710	-8.65	2.26	33.25	120.53
한국밸류10년투자증권 1	한국밸류	주식펀드	2007-03-19	2,608	-3.86	11.77	67.38	67.07
한국밸류10년투자퇴직증권 1	한국밸류	혼합펀드	2007-06-14	2,390	3.52	19.71	52.03	57.00
미래에셋개인증권전환형 1	미래에셋(자)	혼합펀드	2005-08-16	1,870	-5.55	5.08	32.00	44.83
삼성퇴직코리아대표40증권자 1	삼성	혼합펀드	2006-01-02	1,849	3.62	16.19	41.70	64.14
한화증권전환형KM 1	한화	주식펀드	2001-02-01	1,392	-8.45	8.42	58.93	264.78
골드만삭스코리아프라임퇴직및법인용증권자 1종류CI	골드만삭스	주식펀드	2010-09-27	1,388	-0.90			10.97
미래에셋퇴직솔로몬40증권자 1	미래에셋(자)	혼합펀드	2006-01-04	1,225	-1.49	10.78	33.06	54.02
KB플랜국내채권증권	KB	채권펀드	2006-01-03	1,291	5.59	13.92	18.47	41.48
마이다스퇴직배당40증권자 1	마이다스	혼합펀드	2006-01-09	1,102	-2.41	9.92	36.26	64.62

자료: 제로인, 동양증권 리서치센터, 기준일 : 2011년 말

비과세 혜택을 받는 연금보험

개인연금은 보험사의 일반 연금보험(금리형 연금)과 변액연금보험으로 나뉜다. 일반 연금은 연금저축과 달리 소득공제 혜택이 적용되지 않지만, 10년 이상 유지할 경우에는 비과세 혜택이 주어진다. 일반 연금보험은 공시이율과 최저보장이율에 의해 안정적으로 보험금이 적립된다. 일반 연금보험의 기대수익률은 4.6~5.1% 수준이다. 반면 변액연금은 시장 상황에 따라 성과의 변동성이 있는 실적배당형으로, 최근 수익성이 강조되면서 투자자들의 관심을 받고 있다.

변액연금보험에 대해 사례를 통해 자세히 설명하겠다. 35세 남자가 무배당 미래에셋LoveAge위너스 변액연금보험(스텝업형)에 가입하였다. 조건을 60세 연금개시, 국내주식형 펀드(주식편입비율50%), 종신연금형(20년보증), 투자수익률 8.0%, 공시이율 5.1%로 가정하였을 때 연금 수령액은 표와 같다.

변액연금 보험 가입 예시(미래에셋 LoveAge위너스 변액연금보험)

월 납입보험료	연금수령액(10년 납)	연금수령액(20년 납)
20만 원	매월 41만 원	매월 65만 원
30만 원	매월 63만 원	매월 98만 원
50만 원	매월 107만 원	매월 165만 원
100만 원	매월 216만 원	매월 333만 원

자료: 미래에셋생명

　금리가 상대적으로 높았던 과거에는 공시이율형 일반 연금보험을
선택하는 경우가 많았지만, 최근 들어서는 점점 변액연금보험의 선택
이 늘어나고 있다. 미국의 개인연금 시장도 시장이 확대되면서 운용
실전에 따라 성과가 연동되는 변액보험의 비중이 더 높아졌다. 장기
적으로 투자해야 하는 연금보험의 경우 실적배당형 상품이 투자자들
의 관심을 더 받게 될 것으로 생각된다.

08

노후 생활비 마련에 적절한 금융상품들

은퇴를 하면 가장 걱정이 되는 것이 생활비다. 매월 생활비가 필요한 은퇴자들에게 필요한 상품이 즉시연금보험과 월지급식펀드로 대표되는 월지급식 상품이다. 즉시연금보험과 월지급식펀드는 원금 손실 여부, 세금 포함 여부 등이 차이가 난다. 안정적인 투자자라면 즉시연금보험을, 위험을 감수하더라도 초과수익을 원하는 투자자는 월지급식

즉시연금보험과 월지급식펀드

즉시연금보험	월지급식펀드
공시이율	실적배당
최저 연금액 보증	원금 손실 가능
안정적인 연금	초과수익 가능
연금 개시 시점, 연금 수령 형태 등 설계 자유로움	적립금에서 일정 비율을 설정하여 지급
비과세	과세

자료: 동양증권 리서치센터

펀드를 선택하는 것이 적합하다. 주택과 농지 등을 가지고 있지만, 현금 자산이 부족한 60세 이상(농지연금은 65세 이상)의 은퇴자라면 주택연금/농지연금을 활용하는 것도 고민해봐야 한다.

일시에 납부하고 매월 받는 즉시연금보험

즉시연금보험은 목돈을 일시에 보험료로 납부하고 매월 정기적으로 연금을 받는 상품이다. 은퇴 이후 노후준비가 되어 있지 않은 경우 퇴직금 등을 투자하여 생활비를 마련할 수 있다.

즉시연금보험은 원리금 지급 형태에 따라 종신연금형과 상속연금형으로 구분된다. 종신연금형은 원리금을 나눈 연금을 고객이 사망할 때까지 받게 된다. 상속연금형은 10년, 20년 등 일정 기간 동안 또는 사망할 때까지 매달 적립금 이자를 연금으로 받다가 사망 후 가족에게 원금이 상속된다.

원리금 분할지급식의 종신연금형

종신연금형의 가장 큰 특징은 원리금을 연금으로 지급받게 되기 때문에 상속연금형보다 월수령액이 많다. 그러나 중도해지가 불가능하고, 공시이율이 월별로 변경되어 연금액이 감소할 가능성도 있다.

한편, 집중지급형은 일정 기간(5~20년) 지급 배수(2~5배)를 선택하여 집중적으로 더 많은 연금을 수령할 수 있다. 집중지급형은 예상보다 은퇴시점이 빨라지면서 국민연금이 지급되기 전까지의 부족 자금

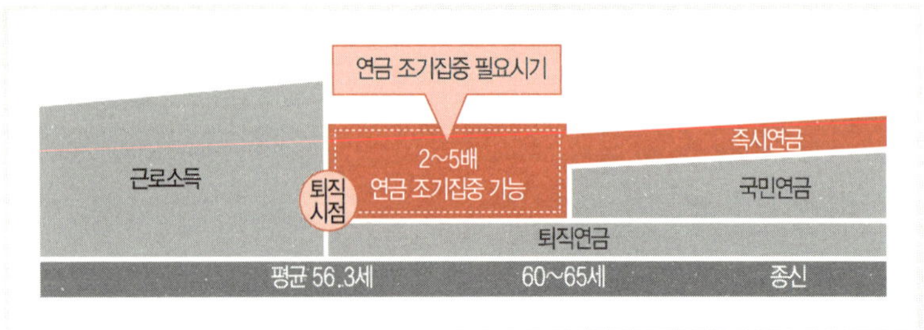

자료: 동양증권 리서치센터, 미래에셋생명

을 충당하기 위해 설계되었다.

상속연금형 이자지급식

상속연금형은 이자만 연금으로 수령하는 이자지급식 연금으로 피보험자 사망 또는 만기 시 수익자가 목돈을 수령한다. 즉시연금의 연

종신연금형과 상속연금형의 연금액 예시

종신연금형	구 분	개 인 형	부 부 형
기 본 형	10년 보증	518,000원	460,000원
	20년 보증	506,000원	460,000원
	100세 보증	454,000원	불가
집중지급형 (10년 집중)	2배	673,000원(336,000원)	631,000원(315,000원)
	3배	756,000원(252,000원)	720,000원(240,000원)
	4배	805,000원(201,000원)	774,000원(193,000원)
	5배	838,000원(167,000원)	811,000원(162,000원)

종신연금형	구 분	개 인 형	비 고
상속만기형	10년 환급형	359,000원	
	15년 환급형	371,000원	
	20년 환급형	375,000원	
	30년 환급형	376,000원	
상속종신형	종신형	377,000원	중도 인출, 추가 납입 가능

※가입 조건: (무)미래에셋LoveAge위너스가입즉시연금보험1106, 60세 남자, 1억 원 가입, 공시이율 5.1% 지속 가정 시

금액은 이자소득세 비과세 및 금융소득종합과세에서 제외되기 때문에 가입 즉시 비과세 혜택을 받을 수 있다. 단, 10년 이전 해지 시(사망으로 인해 10년 이내 계약 종료 시 이자소득세 과세 없음)에는 과세될 수 있다.

상속연금형은 상속만기형과 상속종신형으로 구분되는데, 상속만기형은 만기 기간(10년, 20년, 30년 등) 동안 이자를 연금으로 지급하며 만기 시점에 원금을 수령하며, 상속종신형은 피보험자의 사망 시점까지 이자를 연금으로 지급하고, 사망 시점에 원금 수준의 금액을 수령한다.

수익성을 감안한 월지급식 상품

일본은 전체 인구에서 60세 이상이 차지하는 비중이 30%(우리나라 60세 이상 인구 비중 15.4%)를 넘고 은퇴자들의 금융자산 규모가 크다. 하지만 일본은 저금리 기조로 인해 일반 금융상품의 수익률이 매우 낮아 투자자들의 고민이 많다.

우리나라보다 고령화가 빠르게 진행되고 있는 일본에서는 1990년대 말부터 매월 분배형 펀드가 빠르게 성장하여 월지급식 상품이 대중화되어 있다. 월지급식 상품은 투자자들이 매월 분배금을 받는 방식의 상품으로 목돈을 예치하면 월급처럼 매달 분배금이 지급이 된다. 실적 배당형의 경우 원금 손실의 가능성도 있다.

전통적인 월지급식 상품으로는 은행의 정기 배당형 예금이 대표적이다. 그러나 최근 은행의 1년 정기예금 금리가 4% 내외인 반면 물가 상승률은 5.3%(2011년 8월 소비자물가 기준)를 기록하여 실질금리가 마이너스인 상황이다. 저금리로 이자소득은 축소된 반면 생활자금 마련을 위한 기대수익률이 높아지면서 안정적인 저축보다는 장기적인 관점에서 노후준비용 금융상품 투자가 증가하고 있다. 월지급식 투자 방식은 펀드, 채권, ELS 등 다양한 상품으로 확대되면서 광범위하게 적용되고 있으며 최근에는 다양한 상품으로 포트폴리오를 구성한 랩어카운트(Wrap Account, 재산 종합 관리 계좌)를 통해 매월 수익을 지급하는 자산관리 통합 상품까지 등장했다.

월지급식 상품에 대한 3가지 오해

월지급식 금융상품은 2011년 가장 인기 있는 상품으로 관심이 급증하고 있지만, 그 인기만큼이나 우려도 커지고 있다. 이 가운데에서 월지급식 상품에 대한 잘못된 인식에서 비롯될 수 있는 투자자의 오해 3가지를 짚어 보겠다.

① 월지급식 상품은 월급처럼 고정적으로 수익이 지급된다?

월지급식 상품은 수익률과 관계없이 예치된 금액에서 일정액 또는 사전에 정한 비율을 매월 분배 받을 수 있도록 설계되었다. 따라서 운용 결과에 따라 손실이 발생할 수도 있다. 실적배당형 상품이기 때문에 정기예금처럼 원금이 보장되는 상품은 아니지만, 채권처럼 안전자산에 투자할 경우 고정적인 이자 수익을 확보할 수 있다.

② 월지급식 상품은 위험하다?

월지급식 상품은 '시중금리+α'를 목표로 하는 절대수익 추구형 상품이 주로 판매되고 있다. 그러나 절대수익 추구가 반드시 일정한 수익을 보장하는 것은 아니기 때문에 금융시장의 변동에 따른 원금 손실 리스크가 있다. 최근에는 리스크 수준에 따라 다양한 금융 상품들이 출시되고 있다.

③ 은퇴자금으로 운용하는 것은 적당하지 않다?

모든 투자는 리스크를 수반한다. 월지급식 금융상품 중에도 안정성이 높은 상품이 다수 있다. 은퇴 이후에는 필요한 생활비를 금융소득으로 대체하는 것이 중요하기 때문에 노후 생활자금 마련을 위해 월지급식 금융상품에 대한 투자는 선택이 아닌 필수다.

월지급식 상품에 적합한 금융상품

국공채, 회사채 등의 채권은 정기적으로 이자수익이 발생하기 때문에 월지급식 상품으로 적합하다. 정부 및 지방자치단체가 발행한 안전한 국공채에 투자할 경우 리스크가 낮기 때문에 안정적인 운용이 가능하다. 동양증권에서 판매하는 월이자지급식 채권플랜은 매월 이자를 수령하고, 만기에 원금을 상환 받을 수 있는 상품으로 투자 기간을 직접 설정할 수 있다. 자금이 긴급하게 필요한 경우에는 채권의 중도 환매가 가능하기 때문에 유동성을 확보할 수 있다는 장점도 있다.

그 다음으로 월지급식 펀드는 현금 흐름 측면에서 매월 일정액을 입금하는 적립식 펀드와 반대된다. 분배금이 정기적으로 투자자에게 지급된다. 현재 운용 중인 월지급식 펀드를 살펴보면 시스템 매매를 기반으로 주가 변동성에 따른 차익과 채권 이자 수익을 추구하는 혼합형 펀드, 분산투자 관점에서 고금리의 해외채권에 투자하는 채권형, 시장 상황에 상관없이 '시중금리+α'를 목표로 하는 절대수익추구형 펀드가 주로 판매되고 있다. 자금의 규모나 목표수익률 등을 감안하여 투자 자산의 종류와 비중을 결정해야 한다.

그리고 ELS는 주가지수나 특정 주식과 같은 기초 자산의 가격 변동에 따라 미리 정해진 수익구조에 의해 투자손익이 결정된다. 위험 선호도에 따라 원금보장형과 비보장형을 선택할 수 있는데 원금보장형은 안정성이 높은 반면 수익성이 다소 낮게 나타날 수 있다. 기초자산이 다양하기 때문에 투자목적에 따라 안정성을 고려하여 상품을 선별하는 것이 중요하다. ELS 투자 시에는 전문가와의 상담이 필요하다.

월지급식 상품 투자 시 유의할 점

수익률과 관계없이 매월 일정 금액의 현금 흐름이 발생하지만 투자자산의 성과에 따라 수익이 달라지는 실적배당형 금융상품이므로 원금 손실 가능성이 있다. 투자 대상, 운용 방식, 안정성 등을 고려하여 상품을 선택해야 한다. 매월 분배금이 지급될 때 과세가 이루어지기 때문에 세금의 이연효과가 발생하지 않아 복리 운용의 효과 측면에서 상대적으로 불리한 면이 있다.

월지급식 상품은 자금의 추가 납입이 가능하지만 은퇴 이후 노후설계를 목적으로 투자할 경우 생활비를 충당할 수준의 현금을 확보하기 위해 초기 투자 규모도 중요하다. 목돈을 일시에 납입하는 거치식 투자상품이므로 가입 시점에 따라 성과가 크게 달라질 수도 있다.

금융자산은 없고, 집과 땅만 있다면?

우리나라 중장년층에게 가장 중요한 재산은 집이다. 젊어서부터 집을 사고, 더 넓은 집, 더 좋은 지역으로 이사 가기 위해 모든 노력을 기울인 세대가 50~60대이다. 따라서 우리나라 은퇴자들의 대부분의 자산은 부동산에 묶여 있는데, 여러 기관에서 실시하는 조사 결과에 따르면 중장년층은 대체로 80% 정도를 부동산 자산으로 보유하고 있는 것으로 나타났다.

현금자산이 필요할 때는 보유하고 있는 집이나 땅을 팔아서 현금화

한미일 베이비부머 비교

	한국	일본	미국
출생연도	1955~1963년	1946~1949년	1946~1964년
인구비중 (2010년 기준)	712만 명 총 인구의 14.6%	806만 명 총 인구의 5.4%	7,800만 명 총 인구의 26.9%
1인당 금융자산	7,100만 원 과다한 자녀교육비 지출 및 부동산 소유로 소비여력 미미	1,868만 엔 179조 엔 규모의 금융자산 보유	86만 달러 연간 2조 달러를 소비하는 계층 (총 소비의 50% 차지)
보유자산 비중 특징	부동산 78.6% 금융자산 18.7% 기타실물자산 2.7%	금융자산 45% (주식보유 7%)	금융자산 63% (주식보유 30%)
은퇴나이 (정년은퇴나이)	2010년부터 은퇴개시(55세)	2007년부터 은퇴개시(65세)	2006년부터 은퇴개시 추정 (정년제도 없음)

※통계청 2010년 가계금융조사, 하나금융경영연구소, 동양증권 리서치센터

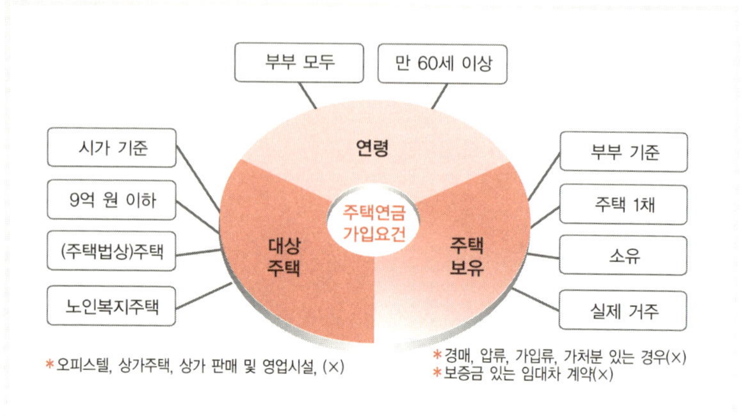

자료: 한국주택금융공사

주택연금 월지급금(정액형 종신지급 방식)

(단위: 만 원)

	1억 원	2억 원	3억 원	4억 원	5억 원	6억 원	7억 원	8억 원	9억 원
60세	24	48	72	96	120	144	168	192	216
65세	28	57	86	114	143	172	200	229	258
70세	34	69	103	138	173	207	242	277	310
75세	42	85	127	170	213	255	298	330	330
80세	53	107	160	214	268	321	362	362	362
85세	69	138	207	277	346	415	416	416	416
90세	93	187	281	374	468	524	524	524	524

※2012년 2월 이후 가입자 기준, 자료: 주택금융공사

시킬 수도 있다. 하지만 살고 있는 집에서 노후를 보내야 한다면 주택연금이나 농지연금을 이용하는 것도 생활비 마련을 위한 해결책이 될 수 있다.

주택연금은 집을 담보로 맡기고 금융회사로부터 노후 생활자금을 매달 연금 형태로 지급받는 대출제도이다. 집을 장만할 때 주택 구입자금을 빌려주는 모기지론과 반대되는 역모기지론이라고 할 수 있다. 주택연금 제도를 활용하면 집에 그대로 거주하면서 연금을 받을 수 있기 때문에 안정적인 노후 생활이 가능하다. 노후준비가 미흡한 경우 보유 주택을 활용하여 독자적으로 생활자금을 해결할 수 있다는 장점으로 인해 주택연금에 대한 수요는 지속적으로 증가하고 있다.

주택금융공사는 사람들의 수명이 길어지고 부동산 가격 전망도 주택연금 제도를 도입한 2007년보다 나빠졌기 때문에 주택연금 지급액을 축소하였다. 새로운 주택연금 월지급금 반영은 2012년 2월부터 적용된다.

농지연금은 만 65세 이상 고령 농업인이라면 소유한 농지를 담보로 노후생활 안정자금을 매월 연금형식으로 지급받을 수 있는 제도이다. 농지연금은 기본적으로 가입자(배우자 포함)의 연령, 담보농지의 평가가격에 따라 달라질 수 있는데, 월지급금은 가입연령이 높을수록, 담보농지의 평가가격이 높을수록 더 많이 수령할 수 있다.

주택연금/농지연금에 가입하면 월 얼마를 받을까?

주택연금의 지급 방식은 종신지급방식과 종신혼합방식이 있다. 종신지급방식은 매달 일정금액을 받을 수 있다. 종신혼합방식은 일정 한도(대출 한도의 50%) 내에서 개별 인출을 허용하고, 나머지 부분에 대해 매달 일정 금액을 종신토록 받을 수 있는 차이점이 있다.

월지급금 지급 유형은 매년 3%씩 월지급금이 증가(감소)하는 옵션에 따라 달라지는데, 주택가격이 3억 원이고, 종신지급방식을 선택했을 경우에 월지급금을 비교하면 다음과 같다.

주택연금 월지급금 증가 방식(매년 3%)

(단위 : 천 원)

가입 연령	종신지급 (정액형)	월지급금 (천 원)				
		가입 시	5년 후	10년 후	15년 후	20년 후
60세	709	514	596	691	801	929
65세	864	646	749	868	1,006	1,167
70세	1,064	821	952	1,104	1,280	1,484
75세	1,330	1,061	1,231	1,427	1,654	1,918
80세	1,688	1,398	1,621	1,879	2,179	2,526

자료 : 한국주택금융공사

* 이용 초기 종신지급방식(정액식)보다 월지급금 적음, 종신지급/종신혼합 두 방식 모두에서 선택하여 신청 가능,
2012년 2월 이전 가입자, 주택 가격 3억 원, 종신지급방식 기준

주택연금 월지급금 감소 방식 (매년 3%) 기준일 추가

(단위 : 천 원)

가입 연령	종신지급 (정액형)	월지급금 (천 원)				
		가입 시	5년 후	10년 후	15년 후	20년 후
60세	709	929	797	685	588	505
65세	864	1,108	951	817	701	601
70세	1,064	1,334	1,146	984	845	755
75세	1,330	1,625	1,396	1,198	1,029	884
80세	1,688	2,007	1,723	1,480	1,271	1,091

자료: 한국주택금융공사

* 이용 초기 종신지급방식(정액식)보다 월지급금이 많음, 종신지급/종신혼합 두 방식 모두에서 선택하여 신청 가
능, 2012년 2월 이전 가입자, 주택 가격 3억 원, 종신지급방식 기준

농지연금은 월지급금의 상한액을 300만 원 수준으로 정하고 있으
며, 기간형의 경우 지급 기간에 따라 가입 연령에 제한이 있다.

농지연금 종신형 월지급금표

(단위 : 천 원)

가입 연령	농지 가격					
	1억 원	2억 원	3억 원	4억 원	5억 원	6억 원
65세	327	655	982	1,310	1,637	1,965
70세	388	776	1,164	1,552	1,941	2,329
75세	468	936	1,404	1,873	2,341	2,809
80세	578	1,156	1,734	2,312	2,890	3,468
85세	736	1,472	2,208	2,944	3,680	4,417
90세	928	1,856	2,785	3,713	4,642	5,570

자료: 농지연금

* 기대이율 5.11%, 농지가격상승률 2.85% 2008년 여자생명표 적용

09

최근 관심 받는 금융상품들

주식형 펀드처럼 변동성이 큰 투자상품이나 예적금처럼 수익률이 낮은 금융상품이 만족스럽지 않은 투자자라면 브라질 국채, 물가연동국채, 헤지펀드가 새로운 투자 대안이 될 수 있다.

장기 투자 관점에서 유리한 브라질 국채

브라질은 풍부한 천연자원을 보유한 자원 부국으로 월드컵 및 올림픽 개최를 통해 고성장이 지속될 것으로 전망된다. 신용평가기관 스탠더드 앤드 푸어스(S&P, Standard and Poor's)에서 평가한 브라질 국채의 국제신용등급은 BBB이다. 브라질 정부가 발표한 10월 기준 금리는

11.5%이다(우리나라 3.25%).

브라질 국채는 양국 조세협약에 의해 브라질에서만 과세된다. 브라질에 거주하지 않으면 브라질 정부 발행 국채 투자 시 이자소득 및 환차익은 전액 비과세되어 종합과세 대상 고객에게 유리하다. 다만 양국 조세협약에 따라서 브라질 국채에 직접 투자하거나 신탁에 맡길 경우 우리나라 정부에 세금을 낼 필요가 없다. 브라질 국채에 투자하는 해외채권형 펀드에 투자할 때는 15.4%의 세금을 내고, 종합과세에도 합산이 된다.

브라질 국채는 장기 투자 관점에서 접근하는 것이 유리하다. 이는 브라질 국채에 투자할 경우 헤알화를 환전하는 과정에서 금융거래세(IOF) 6%가 징수되기 때문이다. 금융거래세는 브라질 정부가 외국 투자자금 증가로 인해 자국통화의 평가절상 압력을 완화하기 위한 목적으로, 외국인 투자자가 헤알화 표시 주식, 채권 및 펀드 등을 매입하기 위해 유입되는 신규자금에 대해 부과하는 세금이다. 2009년 2%에서 현재 6%까지 인상되었다. 금융거래세는 투자 기간에 관계없이 초기 일회성으로 부과되므로 투자 기간이 길어질수록 수익률 저하효과가 줄어든다.

브라질 정부가 발표한 2011년 10월 기준금리는 11.5%이다. 브라질 국채 수익률은 기준금리를 기본으로 원화/헤알화 가치 변동에 따라 최종적으로 결정이 된다. 브라질 국채는 헤알화로 투자가 되기 때문에 헤알화의 가치가 원화보다 상승한다면 환차익이 발생하게 된다. 반면 헤알화의 가치가 하락하게 되면 환손실이 발생하게 된다.

브라질 국채 투자 시 유의해야 할 사항이 3가지가 있는데, 다음과 같다.

첫째, 금리변동/채무불이행 위험에 유의해야 한다. 일반적으로 채권은 금리변화에 따른 가격변동 위험에 노출되므로 중도 매도할 경우 자본 손익이 발생할 수 있다. 국채는 채무불이행 위험이 없는 무위험 채권이라 할 수 있으나 발행국가의 재정 상황에 따라 원금상환 위험이 발생할 수 있다.

둘째, 환율변동 위험에 유의해야 한다. 해외채권에 투자하는 상품으로 환율변동 위험에 노출되어 있다. 환헤지가 이루어지지 않은 경우, 원/달러, 달러/헤알화 환율변동에 따라 환손실이 발생할 수 있다. 환헤지를 한다면 비용이 많이 들어 수익률이 떨어지게 되는 문제점이 있다.

셋째, 과세 및 조세협약 변경위험에 유의해야 한다. 브라질 국채는 대한민국과 브라질의 조세협약에 의해 이자소득 및 환차익에 대해 비과세하고 금융거래세로 6%를 징수하고 있으나, 추후 조세법 및 조세협약 변경 등으로 인해 세제가 변경될 가능성이 있다.

브라질 국채는 장점과 단점이 모두 있는 상품이다. 브라질 국채는 국채임에도 불구하고 10%가 넘는 고수익을 보장하지만, 금융거래세나 환율 변동이 리스크가 될 수 있다. 정기적으로 받는 이자가 헤알화의 움직임에 따라 변동이 있을 수 있고, 헤알화가 약세 구간일 때는 손실이 생길 수도 있다.

하지만 브라질 국채에 장기 투자가 가능하다면, 투자에서 오는 위험을 어느 정도 줄여 나갈 수 있다. 다시 말해, 장기 투자라면 이자를 받다가 헤알화가 강세를 보이는 구간에서 채권을 매도하여 매매 차익을 거둘 수도 있다. 다른 금융상품처럼 브라질 국채도 적정한 투자 전략 구사를 위해 자산관리 전문가와의 상담이 꼭 필요한 이유다.

물가가 오를 때 유리한 물가연동국채

2011년 급격한 물가상승으로 관심을 끈 상품이 물가연동국채였다. 물가연동국채는 국채의 원금 및 이자 지급액이 물가에 연동이 되는 상품이다. 즉 물가가 올라가면 원금과 이자 지급액이 커지게 된다.

물가연동국채는 소비자물가지수(CPI)와 연동된 물가연동원금을 산출하며, 물가연동원금에 대해서 표면금리가 지급된다. 만기 시점에는 물가연동원금을 만기원금으로 지급하기 때문에 물가 상승분만큼 원금과 이자가 늘어나게 된다.

물가연동국채는 표면금리가 낮은 대신 물가와 연동해서 원금이 상승하는 부분에 대해서는 세금이 부과되지 않는다. 또한 대체로 10년

물가가 물가연동국채에 미치는 영향

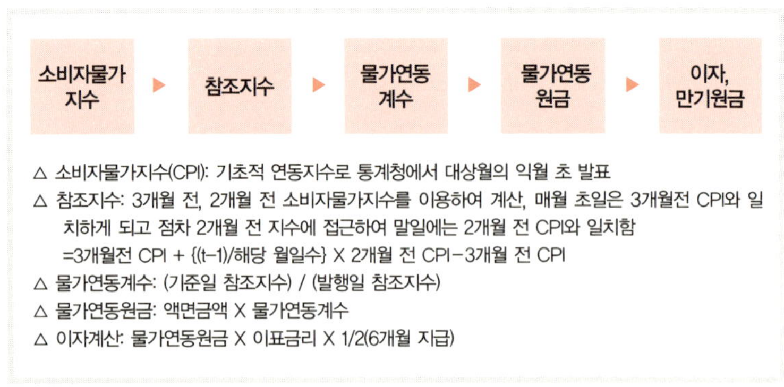

만기로 발행되어 장기채권에 속한다. 이럴 경우 이자수익 부분은 분리과세를 선택할 수 있다. 분리과세는 33%의 세율로 원천징수가 되므로 38.5%의 세율을 적용 받는 고소득자는 세금을 아낄 수 있다.

물가연동국채의 장점은 중도 이자에 대해 분리과세가 된다는 것과 만기 시 원금에 대해 비과세(종합소득과세대상자에게 유리)가 된다는 것, 그리고 물가연동국채의 장기적이고 안정적인 수요기반 확보를 위하여 디플레이션이 발생하였을 경우, 액면원금(10,000원)이 보장되도록 원금 보장 조항이 추가된다는 것이다.

한편 단점으로는 물가가 안정적인 국면에서는 추가 수익을 얻기 힘들다는 것과 투자 시점에 따라 수익률이 상이하여, 투자 시점 결정이 중요하다는 것이다.

하나의 틀로 규정하기 힘든 헤지펀드

'위험하다, 월스트리트, 조지 소로스(George Soros), 탐욕스럽다, 원자재, 러시아 디폴트(default), 외환투기, IMF 위기의 주범' 등이 우리나라 일반 투자자들이 헤지펀드에 대해 가지고 있는 생각들일 것이다.

1992년 파운드화 폭락 사태는 조지 소로스의 퀀텀(Quantum)펀드가 불을 당겼고, 1998년 롱텀캐피털매니지먼트(LTCM, Long-Term Capital Management) 파산은 미국 경제에 큰 충격을 주었다. 우리나라의 IMF 외환위기나 글로벌 금융위기에서 시장의 변동성을 키울 때도 헤지펀드가 일정 부분 영향력을 끼친 것이 사실이다. 일련의 사건들로 헤지펀드는 투기 자본의 대명사처럼 사용이 되었다. 하지만 이러한 헤지펀드에 대한 편견은 일부는 맞고 일부는 틀리다.

모든 헤지펀드가 위의 사례처럼 고위험-고수익을 추구하는 것은 아니다. 실제로 세계의 주요 기관투자자와 거액자산에게 헤지펀드는 대안 투자자산으로 부각되고 있다. 헤지펀드는 전 세계에 1만 개가 넘는 것으로 추정된다. 헤지펀드의 수만큼 각각의 헤지펀드 고유의

헤지펀드의 투자 전략

글로벌 매크로 전략	– 국가별 거시경제 분석에 따라 환율시장을 주요 투자 대상 가운데 하나로 삼는다
롱숏(Long-Short) 전략	– 주가가 오를 것으로 예상되는 종목은 사고 떨어질 것으로 예상되는 종목은 공매도
전환 차익거래(Convertible Arbitrage)	– 전환사채(CB)를 활용한 차익 거래
채권 차익거래(Fixed Income Arbitrage)	– 채권의 금리차 활용
이벤트 드리븐(Event Driven)	– 인수·합병(M&A) 등 특정 이슈에 베팅

스타일이 존재하기 때문에 헤지펀드를 하나의 틀로 정의하기는 쉽지 않다.

왜 헤지펀드에 투자해야 하나?

헤지펀드는 전통적 자산인 주식, 채권 등과 상관관계가 낮기 때문에 전체 포트폴리오의 변동성을 줄여 준다. 특히 기관투자자의 경우에는 시장 상황에 관계없이 안정적인 수익을 추구하는 절대수익전략이나 CTA전략에 대한 선호가 높다. 일정 규모 이상의 자산을 가지고 있는 자산가의 경우, 전체 자산의 5% 내외를 절대수익전략이나 CTA전략 헤지펀드에 투자하면 전체 자산의 변동성이 줄어드는 효과를 기대할 수 있다.

2011년 8월의 증시 폭락에서도 우리나라에서 판매된 헤지펀드는 8월 평균 −0.67%의 성과를 거두어, 같은 기간 코스피 수익률 −19.7%

가장 보편적으로 판매되는 CTA펀드 수익 구조

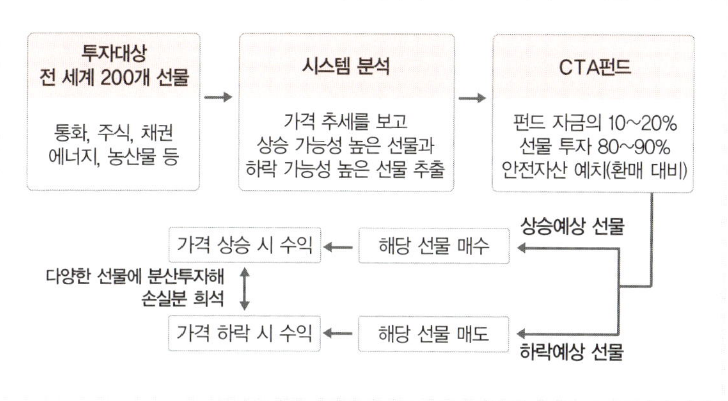

를 크게 앞섰다. 위험자산과의 상관관계가 낮은 CTA펀드는 전체 자산의 변동성을 줄여 주는 효과를 기대할 수 있기 때문에 여유자금이 있는 투자자들에게 적절한 금융상품이다.

글로벌 CTA펀드는 전체 헤지펀드 시장에서 약 10~15%를 차지하는 CTA전략에 투자한다. CTA란 Commodity Trading Advisor의 약자로 본래는 선물 계약을 투자 수단으로 삼거나 선물 계약 및 상품 옵션 트레이딩을 주로 거래하였으나, 점점 범위가 넓어져 전 세계의 선물시장을 활용하여 운용하는 전략을 지칭하고 있다. CTA펀드는 운용 자산의 종류가 수백 개에 달하다 보니, 사람에 의존하는 것이 아니라 시스템에 의존하는 운용 전략을 구사한다. 특히 CTA는 개별 자산인 선물이 정규시장에서 거래되어 투명성이 높고 다른 헤지펀드에 비해 환매가 용이하여 재간접펀드로 판매가 되는 장점이 있다.

10

보험 가입 전에 챙겨야 할 것들

예기치 않은 불행에 대비하기 위한 금융상품은 보험이 대표적이다. 보험상품은 크게 보장성보험과 저축성보험으로 나눌 수 있다. 종신보험이나 건강보험 등은 보장성 보험에 해당되며, 연금저축보험이나 저축보험 등은 저축성 보험에 해당된다. 예기치 않은 위험에 대한 안전

생명보험 상품 구분

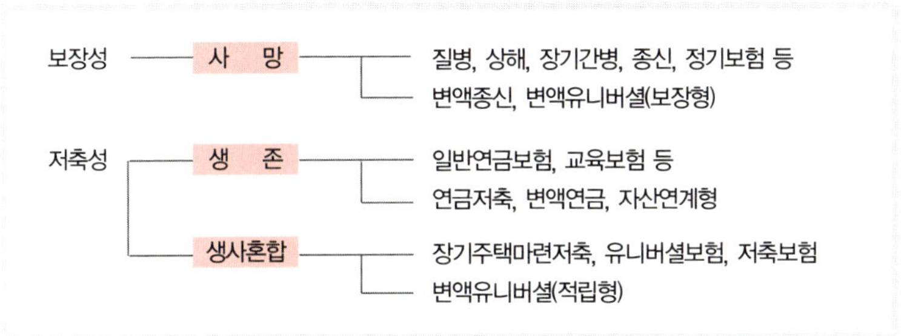

망은 보장성 보험을 이용하여 만들 수 있다.

보장성 보험에 가입할 때 유의할 점

보장성 보험에 가입할 때는 다음과 같은 사항에 유의해야 한다.

첫째, '보장'에 충실해야 한다. 가벼운 질병은 굳이 보험이 없어도 보통의 생활 자금 안에서 해결할 수 있기 때문에 보험으로 보장 받을 필요가 있는 고액 치료비 관련 보장이 잘 되어 있는지를 먼저 살펴보아야 한다. 특히 유전적으로 발병률이 높은 질환이 보험 보장 내역에 포함이 되었는지를 꼭 살펴보아야 한다.

둘째, 종신보험의 보험료가 부담되면 정기보험 등을 이용한다. 종신보험은 집중적으로 '사망'에 대한 보장을 강화하여, 사망 시기와 원인에 관계없이 약정된 보험금을 100% 받을 수 있다. 반면 정기보험은 일정한 보험기간 안에 사망할 경우에만 보험금을 받을 수 있어 보험료가 종신보험에 비해 저렴하다. 따라서 재무 상황에 따라서 종신보험과 정기보험을 비교하여 가입하는 것이 좋다.

셋째, 월보험료는 총 소득의 10%를 넘지 않도록 해야 한다. 보장성 보험은 만약의 사태를 대비하기 위한 금융상품이기 때문에 전체 포트폴리오에서 한도를 지켜서 가입해야 한다. 일반적으로 월 납입보험료가 총 소득의 10%를 넘지 않도록 보험을 설계해야 한다. 보험에 신규 가입할 때는 이미 가입한 보험과 보장 내역이 중복이 되지 않는지 꼭 살펴보아야 한다.

넷째, 보험은 한 살이라도 어릴 때 드는 것이 좋다. 나이가 많아지면 보험료는 질병이나 사고의 위험이 높아져서 매월 부담해야 하는 보험료가 많아지게 된다. 40대가 넘어가면 혈압, 당뇨 등으로 가입이 어려워질 수도 있기 때문에 보장성 보험 가입은 서두르는 것이 좋다.

다섯째, 보장 기간은 길수록 좋다. 불과 10년 전만 하더라도 보험 보장 기간이 70~80세까지가 대부분이었다. 하지만 평균 수명이 늘어나면서 최근에는 보장 기간이 100세까지 늘어났다. 만일 보장 기간이 수명보다 짧으면 나중에 혜택을 받지 못할 수도 있으니 이왕이면 보장 기간이 긴 것으로 선택하자.

여섯째, 환급형보다 순수보장형을 고르자. 보험은 만기(보장이 종료되는 시점)에 불입한 보험료를 돌려받는 환급형과 보험 기간이 지나면 보험료를 돌려받지 못하는 순수보장형으로 나눌 수 있다. 환급형은 보험료를 돌려 주기 때문에 순수보장형보다 보험료가 비싸다. 우리나라의 경우 보험료를 돌려받을 수 있는 환급형을 더 선호하지만, 보장성 보험의 역사가 오래 된 선진국은 순수보장형에 가입하는 경우가 더 많다.

환급형은 만기에 환급을 받기 위해서 순수보장형 보험료에 적립금이 추가된다. 돈의 가치는 시간이 지날수록 떨어지게 되므로 수십 년 후에 받게 되는 보험금의 가치는 만기까지 적립한 보험료보다 적다. 보장성 보험은 철저하게 보장 기능에 집중하고, 순수보장형과 환급형의 보험료 차이를 연금 저축 등에 납입하는 것이 투자자 입장에서는 더 유리하다.

일곱 째, 보험 해약에도 요령이 있다. 나이가 많아 재가입이 어렵거나 보험사가 판매 중지한 상품 등은 해지하지 않는 것이 좋다. 보장성 보험은 해약 시 환급금이 작기 때문에 보험료 납입 일시 중지제도나 보험료를 줄이는 완납제도 등을 먼저 선택하는 것이 좋다.

11

주택청약저축과 주택 관련 대출상품

신규 주택의 분양과 주택 구입, 전세금 마련을 위해서는 국가에서 주택마련을 위해 만든 제도를 최대한으로 활용하는 것이 여러 모로 유리하다. 국가에서 만든 제도 중에 가장 중요한 주택청약종합저축과 주택 관련 대출상품에 대해 알아보겠다.

주택청약종합저축

주택청약종합저축에 가입하면 신규 주택, 임대 및 장기전세주택 등을 분양 받을 수 있는 권리가 생긴다. 주택 유무나 연령 제한 없이 1인 1통장 소유가 가능하고 매월 2만 원에서 50만 원까지 자유롭게 납입할 수 있다. 가입 기간에 따라 청약 순위가 달라지므로 주택 분양을 원하는 경우에는 서둘러 가입해야 한다.

주택 소유나 세대주 여부, 연령 등에 관계없이 누구나 가입할 수 있는 것이 특징이다. 단, 청약 자격은 만 20세 이상이어야 하고(20세 미만인 세대주는 허용), 국민주택의 경우에는 해당 주택의 건설 지역에 거주하는 무주택 세대주로서 1세대당 1주택, 민영주택의 경우에는 만 20세 이상의 가입자로서 1인당 1주택이 적용된다. 또 1인 1통장 제도가 적용되어 기존의 청약통장에 가입한 경우에는 이를 해지하고 신규로 가입하여야 하고, 2개 이상의 은행에 중복 가입도 허용되지 않는다.

납입 방식은 일정액 적립식과 예치식을 병행하여 매월 2만 원 이상 50만 원 이내에서 5,000원 단위로 자유롭게 납입할 수 있으며, 납부 총액이 1,500만 원에 이를 때까지 50만 원을 초과하여 자유롭게 적립할 수 있다. 가입 후 2년이 지나면 1순위가 되는데, 20세 미만의 가입자인 경우는 1순위가 되더라도 청약할 수 없다. 기존의 청약저축 · 청약예금 · 청약부금에서 전환 가입은 허용되지 않으며, 신규로 가입하더라도 기존 청약통장의 가입 기간이나 금액을 인정하지 않는다.

주택마련을 위한 대출상품

2011년 8월의 전국 주택의 평균 매매가격은 2억 6,000만 원이며, 평균 전세가격은 1억 3,000만 원이다. 수도권 주택을 사기 위해서는 평균적으로 3억 6,000만 원은 있어야 한다. 따라서 주택청약저축이나

대출로는 한계가 있기 때문에 다른 금융상품을 통해 목적자금을 마련
해야 한다.

주택 구입자금을 마련하거나 전세자금을 마련할 때 일반적으로 이
용할 수 있는 대출상품은 국민주택기금의 근로자 서민대출, 저소득가
구 전세자금, 생애최초 주택마련자금 등을 들 수 있다. 근로자 전세자
금대출은 연소득 3,000만 원 이하 근로자가 대상이지만 신혼부부는
연소득 3,500만 원 이하까지 대출이 가능하다. 연소득은 부부합산이
아니라, 신청 근로자 기준이다.

전세·구입자금 대출 조건

구분	전세자금		구입자금	
	저소득가구 전세자금	근로자서민 전세자금	근로자서민 주택구입자금	생애최초 주택구입자금
융자 대상	· 최저생계비의 2배 범위내의 저소득가구 중 시장, 군수, 구청장으로부터 추천받은 자 · 무주택 세대주	· 연간급여(소득)가 3,000만 원 이하 (신혼부부는 3,500만 원 이하) · 무주택 세대주	· 부부합산 연소득 3,000만 원 이하 (신혼부부는 4천만 원 이하 · 무주택가구주(신혼부부는 신청 현재 무주택)	· 부부합산 연소득 5,000만 원 이하 · 무주택가구주(신혼부부는 신청 현재 무주택)
대상 주택	전용면적 85㎡ 이하	전용면적 85㎡ 이하	전용면적 85㎡ 이하 3억 원 이하	매입가 6억 원이 넘지 않는 전용면적 85㎡ 이하
대출 한도	· 지역별 지원 대상 전세보증금 –수도권과밀억제권역 1억 원, 수도권 기타 및 광역시 5,000만 원, 기타 4,000만 원(3자녀 이상 지역별 보증금 1,000만 원 추가)	· 호당 8,000만 원 (전세가격의 70% 범위 내) 단, 3자녀 이상 가정 1억 원	· 호당 1억 원(다자녀 가구 1.5억 원)	· 호당 2억 원 이내
대출이율	연 2.0%	연 4.0%	5.2%	연 4.2%
상환 기간	· 15년 분할상환	· 2년 이내 일시상환 (3회 연장, 최장 8년까지 가능)	· 20년(1년 거치 19년 또는 3년 거치 17년)	· 20년(1년 거치 19년 또는 3년 거치 17년)

자료 : 국토해양부

구입자금은 생애최초 주택구입자금과 근로자서민 주택구입자금으로 대출을 받을 수 있다. 생애최초 주택구입자금의 지원 대상은 세대원 전원이 주택을 소유한 적이 없는 무주택 가구로서 부부합산 연소득이 5,000만 원 이하여야 한다.

자산관리의 목적을 구분한 것이 목적자금이고, 목적자금을 잘 모으기 위한 수단이 3장에서 다루었던 금융상품들이다. 금융상품에 투자할 때는 본인의 경제상황과 위험성향 등을 고려하고, 자산관리 전문가의 도움을 받기를 권한다. 4장에서는 지금까지 다룬 금융상품으로 사례를 통해 투자 전략을 어떻게 세울 수 있는지를 알아보도록 하겠다.

CHAPTER 4

내 나이에 딱 맞는
돈 모으기 전략을 세워라

앞에서 계속 살펴보았듯이, 사람은 누구나 살면서 똑같은 재무 이벤트를 경험한다. 비록 시기적으로는 어느 정도 달라질 수 있으나, 때가 되면 결혼을 하고 아이를 낳으며 자녀를 교육시킨다. 우리 가족이 행복하게 살기 위한 보금자리 구입, 자녀의 학비와 결혼 자금, 은퇴 후 생활비 등 목돈이 필요한 일들이 한두 가지가 아니다.

이제 중요한 것은 목돈이 필요한 시기에 맞춰 어떻게 준비를 해나갈 것인가이다. 그래서 이번 장에서는 2장에서 살펴본 목적자금의 종류와 필요성, 3장에서 살펴본 다양한 금융상품을 연령이라는 좀 더 구체적인 방식으로 살펴보고자 한다.

모든 연령대에는 반드시 체크하고 생각해봐야 할 중요한 포인트들이 있다. 이것은 인생의 밑그림을 그리는 작업임과 동시에, 어떻게 투자를 해서 돈을 모을 수 있을 것인가에 대한 지침이기도 하다. 자신의 연령대에 맞는 핵심 포인트와 구체적인 실천 지침을 따라가다 보면, 혹여 놓치고 있었던 재무 이벤트를 생각해보는 계기가 됨은 물론이고, 자신에게 딱 맞는 맞춤 전략을 세우는 계기가 될 것이다.

20대 인생계획을 세우고 지출을 관리하라

부모님의 품을 떠나 사회생활을 시작하는 20대에게 가장 중요한 것은 인생을 설계하고 좋은 돈 관리 습관을 형성하는 것이다. 소득이 많든 적든 지출을 관리하지 않으면 통장 잔고는 항상 바닥을 헤맬 것이고 심할 경우 마이너스 상태를 벗어나지 못할 것이다.

급여가 적다고, 학자금 대출 상환만으로도 벅차다고 하소연할 수도 있다. 그러나 20대가 받는 급여는 다른 연령대에 비해 결코 적지 않다. 연간 급여상승률을 5%로 가정할 경우, 현재 월 200만 원의 급여는 10년 후 30대가 받는 월 326만 원의 급여와 같고, 20년 후 40대가 받는 월 530만 원의 급여와 같다. 30~40대가 자녀교육비, 주택마련 비용 등 추가적인 지출이 크기 때문에 20대의 급여가 적다고만 할 수도 없다. 20대가 자금관리를 할 때 알아두면 도움이 되는 10가지 핵심 포인트를 소개하였으니 반드시 염두에 두도록 하자.

① '미래의 나'를 위해 첫 월급부터 저축하라

취업과 함께 급여를 받게 되면 그 동안 억눌렸던 소비 욕구가 급격하게 증가하여 자칫 잘못된 소비습관이 형성되기 쉽다. 수십 년 후 맞이하게 될 '미래의 나'를 위해 첫 월급부터 저축하는 습관을 만들자. 월 급여의 50% 이상을 무조건 저축한 후 나머지 자금으로 생활을 하는 것도 하나의 방법이다.

② 투자목표를 구체적으로 설정하라

결혼과 주택마련은 20대가 가장 먼저 마주치는 재무 이벤트다. 투자목표(목표금액)를 구체적으로 설정하고 목적자금 마련을 위한 금융상품을 선택하라. '4년 내 결혼 자금 8,000만 원 마련' 등과 같이 구체적으로 투자목표를 설정할 때 보다 효과적으로 목표를 달성할 수 있다.

③ 20대 자산관리의 첫 관문인 결혼 자금을 준비하라

신랑의 경우 1억 원 내외, 신부의 경우 4,000만 원 내외의 결혼 자금이 소요된다. 평균적으로 직장생활을 4년 정도 한 후 결혼을 하게 되므로 7%의 투자수익률로 4년 동안 월 100만 원씩 투자하면 5,500만 원을 모을 수 있다. 금액의 규모를 떠나, 빨리 시작할수록 몇 년 후에 다가올 결혼 자금 및 내집마련이라는 현실적인 부담을 줄일 수 있다.

❹ 주택청약종합저축에 가입하라

주택시장의 부진한 흐름에도 불구하고 주택은 삶을 안정적으로 이끄는 보금자리다. 대체로 시세보다 낮은 가격으로 제공되는 국민주택 또는 민간 건설회사의 아파트 분양 시 혜택을 받을 수 있기 때문에 취업과 동시에 주택청약종합저축에 가입하도록 한다. 납입액에 대한 소득공제 혜택은 덤이다.

❺ 내집마련을 위한 정책자금을 최대한 활용하라

국민주택기금을 통해 자격조건이 충족될 경우 전세가격의 70% 범위 내에서 8,000만 원까지 전세자금을 4.0%의 저리로 융자받을 수 있다. 정책적으로 지원하는 만큼 시중은행의 전세자금 대출보다 낮은 이율로 자금을 조달할 수 있기 때문에 내집마련 자금이 부족할 경우 활용할 것을 권한다. 본인의 연봉 중 성과급을 제외한 기본급이 기준이 되기 때문에 대부분의 직장인이 활용할 수 있다.

❻ 100세 시대에 맞춰 생각하라

평균수명이 80세를 넘어선 상황에서 이제 20대인 여러분은 앞으로 100세까지 생존한다는 생각으로 100세 인생을 준비해야 한다. 생애주기 상 직면하게 될 재무적 이벤트를 장기적으로 준비하고, 20대가 가진 가장 큰 자산인 시간을 활용하여 복리 효과를 극대화하도록 해야 한다.

❼ 생애자산관리를 위한 멘토를 두어라

금융시장이 복잡다양해지고 수많은 금융상품을 제대로 이해하기 어렵기 때문에 본인의 상황을 충분히 이해하고 적절한 조언을 해줄 수 있는 자산관리 전문가를 멘토로 두는 것이 중요하다. 투자 상품이 다양한 만큼 다방면에 걸쳐 여러 사람의 멘토를 확보하는 것 또한 큰 자산이 될 것이다.

❽ 금융지능지수(FQ, Financial Quotient)를 높여라

아는 만큼 보이고, 보이는 만큼 돈을 벌 수 있다. 사회경제 및 금융환경의 변화에 적절하게 대응하기 위해서는 경제흐름을 잘 읽어야 한다. 40~50년에 달하는 노후를 한두 가지의 금융상품으로 완벽하게 준비하기는 어렵다.

❾ 절세상품을 최대한 활용하라

연령 및 개인별 상황을 고려한 세제혜택(소득공제, 세금우대 등) 금융상품을 최대한 활용하고 수익률은 항상 세전수익률이 아닌 세후수익률로 판단하도록 한다.

❿ 자기계발에 지속적으로 투자하라

지출을 관리하여 저축이나 투자를 통해 결혼 자금, 주택마련 등의 목적자금을 마련하는 것도 중요하지만, 이제 막 사회생활을 시작한 20대는 자신의 주특기를 계발하고 향상시켜 자신의 꿈과 가치를 높이고, 지속적인 소득을 창출할 수 있도록 하는 것이 가장 중요하다.

사례 1 **새내기 직장인의 결혼비용 및 주택마련**

신경범 씨(28세)는 올해 1월 신입사원으로 입사하여 월 250만 원(실수

령액)의 급여를 받고 있으며 4년 후 사귀고 있는 나이뻐 씨(25세)와
결혼할 계획으로, 4년에 걸쳐 결혼비용 및 신혼집(전세)을 마련하기
위한 계획을 수립하고자 한다. 나이뻐 씨 또한 직장인이기 때문에 협
의를 통해 신경범 씨는 전셋집을 포함하여 약 1억 2,000만 원을 마련
하고 나이뻐 씨는 약 5,000만 원의 자금을 마련하고자 한다. 신경범
씨의 경우 다행스럽게도 학자금 대출이나 빚이 없어서 앞으로 받게
될 급여를 잘 활용하여 목적자금 마련에 전념하면 된다. 그런데 4년
동안 1억 2,000만 원을 마련하려니 막막한 생각이 들어 자산관리 전
문가를 찾았다.

4년 만에 1억 2,000만 원을 마련할 수 있을까?

연 12%의 수익률로 4년 동안 매월 200만 원을 투자해야 1억 2,000만
원의 자금을 마련할 수 있기 때문에 신경범 씨가 월 250만 원의 급여
로 4년 만에 1억 2,000만 원의 자금을 모두 마련하기는 어렵다. 그러
나 신경범 씨가 적립식펀드와 적금에 매월 50만 원씩 납입할 경우 4
년 후 약 5,400만 원(적립식펀드 10%, 정기적금 4%의 기대수익률로 세후 6%
수익률 가정)을 마련할 수 있다. 여기에 4.0%의 낮은 금리로 국민주택
기금을 최대 8,000만 원까지 융자받을 수 있기 때문에 약 1억 3,000만
원까지 자금을 준비할 수 있다. 또한 향후 내집마련을 위해 주택청약
종합저축에 가입하도록 한다.

  20대의 경우 소득수준에 따라서 연금저축 가입여부를 결정해야 한
다. 소득공제 혜택이 있는 반면 55세까지는 찾을 수 없고, 중도해지
시 불이익이 크기 때문이다. 위 사례의 경우 일반적으로 15%(지방소득

(단위 : 만 원)

수입		지출	
		생활비	96
		주택청약종합저축	10
월급여	250	적립식펀드(결혼 자금)	50
		적금(결혼 자금)	50
		연금저축펀드	34
		보장성보험	10
합계	250	합계	250

세를 포함할 경우 16.5%)의 소득세 구간에 해당될 것으로 예상되기 때문에 소득공제를 통해 세제혜택을 받으며 노후를 준비할 수 있는 연금저축에 가입하는 것이 좋겠다. 독자 여러분도 본인의 소득세 구간을 고려하여 연금저축 가입여부를 결정하되 6%를 초과하는 소득세가 적용된다면 최대한 가입하도록 해야 한다. 목적자금을 마련하기 위한 투자액과 연금저축 및 보장성 보험을 제외한 월 지출 중 생활비는 소득의 40% 수준으로 통제하도록 하자.

사례 2 은행만 거래하는 25세 여성 직장인의 고민

25세의 여자 직장인 김샛별 씨는 기본금+상여금 형태로 월 180~200만 원 정도 받는다. 매년 지급되는 특별 보너스를 감안하면 월평균 200만 원 조금 넘는 수준으로 현재의 월간 지출내역은 대략 다음과 같다.

이율 4.2%의 3년 만기 은행적금에 50만 원씩 1년간 납입하였고,

본인과 부모님 앞으로 보장성보험을 각각 10만 원씩 납입하고 있다. 부모님 용돈으로 매월 20만 원을 드리고 있으며, 생활비로는 월급에 따라 남는 돈을 쓰고 있는데, 80~90만 원 정도이다. 앞으로 용돈을 줄이고 저축을 더 하고자 한다면 어떻게 하는 것이 좋을까?

구체적인 투자목적을 세워라

은행적금이 2년 후 부모님 효도여행 목적인지, 수년 후의 결혼 자금 마련인지, 아니면 특별한 목적 없이 어떻게 돈을 관리해야 할지 몰라서 그냥 은행에 넣어두는지에 따라 결과는 다르다. 특별한 목적 없이 납입하는 경우라면 목적을 분명히 해야 한다. 25세의 나이를 감안할 때 향후 3~5년 사이에 결혼할 것으로 예상되는 만큼 결혼비용 마련을 목적으로 5,000만 원을 마련한다는 목표를 세우는 것이 적절하다. 가능하다면 현재의 적금 납입액을 30만 원으로 축소하고, 적립식펀드에 40만 원을 납입할 것을 권한다. 또 2년 후 만기 도래하는 적금은 원금 손실 가능성이 낮은 지수형 ELS를 활용하도록 한다. 다만, 지수형 ELS의 경우 같은 구조라고 해도 수익률 등 조건이 다를 수 있으므로 반드시 자산관리 전문가와 충분히 상담한 후에 가입해야 한다.

무주택자에게 청약통장은 필수

용돈을 줄이고 저축을 더 하고 싶다는 의지는 실천을 필요로 한다. 급여의 35%(약 70만 원)로 생활비를 낮추면 추가로 월평균 40만 원 정도 신규투자가 가능하다. 이 중 10만 원을 주택청약종합저축에 가입하여 세제혜택(연말정산 시 소득공제 혜택이 주어짐)도 받고 향후 상대적으로

변경 전 지출		변경 후 지출	
생활비	80~90	생활비	70
부모님 용돈	20	**CMA(예비비)**	**10**
은행적금	50	부모님 용돈	20
보장성보험(본인)	10	**주택청약종합저축**	**10**
보장성보험(부모님)	10	**적립식펀드**	**40**
잉여자금	10~20	**은행적금**	**30**
		보장성보험(본인)	10
		보장성보험(부모님)	10
합계	180~200	합계	200

낮은 가격에 공급되는 국민주택 및 민영주택을 청약할 때 활용하도록 하자.

사례 3　낮은 급여로 생활하기도 빡빡한 중소기업 사원

중소기업에 다니고 있는 20세의 성재민 씨는 이제 막 직장생활을 시작했다. 지금 다니고 있는 회사에 합격한 후, ○○인재개발원에서 신입사원 교육을 받으면서 20대로서 돈 관리의 중요성 및 결혼, 주택마련, 노후준비 등에 대한 강의를 듣고 본인의 급여로 가능한 자산관리를 문의해 왔다.

월급여는 150만 원이며, 매년 추석과 설에 각각 100만 원 정도 보너스가 나온다. 현재 생활비는 월 40~50만 원 정도 쓰고 있고, 홀로 계신 어머니께 매월 20만 원씩 드리고 있다. 나머지 돈은 급여통장에 넣어두었는데, 현재는 200만 원 정도가 들어있다.

가정 형편상 못다 한 공부를 위해 2년 후에는 방송통신대학에 다니려고 한다. 대학 학자금은 1년에 교육비만 100만 원 정도 들어가니까 교재비 등을 포함해서 총 500만 원 정도로 생각하고 있다. 또한 앞으로 5년 정도는 돈을 모으는 데까지 모아서 좀 더 나은 주거환경을 마련하고자 한다. 이후에는 좋은 사람을 만나 결혼할 계획이다. 현재의 급여 수준(실수령액, 월 150만 원)에서도 자산관리가 과연 가능할까?

주거환경개선 및 대학 학자금 마련

일차적으로 성재민 씨는 주택마련용으로 주택청약종합통장에 가입하는 것이 바람직하다. 우리나라에서 가장 저렴하게 주택을 마련할 수 있는 방법은 주택청약종합통장에 가입하는 것이다. 과거에 청약저축과 청약예금 및 청약부금으로 나뉘어 있던 주택 관련 통장을 하나로 통합한 통장으로 국민주택과 민영주택을 가리지 않고 모든 신규 분양주택에 사용 가능하다. 매월 2만 원에서 50만 원까지 납입할 수 있는데, 성재민 씨는 매월 10만 원씩 납입하는 것이 좋다. 추가로 남는 10만 원은 보장성보험에 가입하여 혹시 모를 만일의 상황에 대비하도록 하면 된다.

주거환경 개선자금을 마련하기 위해서는 5년 정도의 투자기간에 걸쳐 자산을 증식시켜야 한다. 이를 위해, 불가피하게 생활비가 40만 원을 상회할 경우 예비비 통장에서 인출하여 쓰되, 현재의 급여 수준(월 150만 원)에서 생활비와 어머니 용돈을 제외하고 80~90만 원의 투자가용자산을 확보하도록 한다. 5년간의 투자기간을 목표로 적립식 펀드에 가입하여 매월 50만 원씩 투자하고, 7%의 수익률을 가정할 경

성재민 씨를 위한 목적자금 설계 (단위 : 만 원)

수입		지출	
		생활비	40
		부모님 용돈	20
		주택청약종합저축	**10**
급여	150	**적립식펀드**	**50**
		은행적금(방송통신대학 학자금)	**20**
		보장성보험(본인)	10
합계	150	합계	150

우 3,500만 원 정도를 마련할 수 있다.

방송통신대학 학자금은 2년 후에 필요한 자금이므로 수익성보다는 안정성에 비중을 두고 은행의 정기적금을 활용해야 하겠다. 매월 20만 원씩 납입하여 2년 만기 정기예금(4%)에 세금우대로 가입할 경우 2년 후 필요한 학자금 약 500만 원을 마련할 수 있다.

사례 4 고소득 직장인의 자산관리

25세의 직장인 권세연 씨는 매월 230만 원의 급여를 받고 있고 2개월에 한 번씩 보너스로 150만 원씩 받고 있다. 그리고 분기마다 성과급이 250만 원 정도가 나온다.

지금은 주택청약저축 10만 원, 은행적금 20만 원(현재 10개월 납입)씩 불입하고 있고 남은 자금은 CMA에 넣어두고 있는데 현재 잔고는 약 500만 원이다. 생활비는 이것저것 다해서 80만 원 정도 쓰고 매월 120만 원 정도 투자할 수 있다. 결혼은 3년 뒤에 할 계획이다.

3년 후 결혼 자금 6,000만 원 만들기

권세연 씨의 연간소득(세후)은 4,660만 원(= 230×12+150×6+250×4)으로 월평균 388만 원이 된다. 본인도 3년 후에 결혼할 생각이라고 밝혔듯이 권세연 씨의 가장 주된 목적자금은 결혼 자금이다. 3년 후 결혼 자금으로 6,000만 원을 목표자금으로 설정하길 권한다. 현재 월 20만 원씩 납입하고 있는 은행적금(4%)으로 3년 후 1,000만 원 정도를 마련할 수 있다. 나머지 부족자금 5,000만 원(=6,000만 원−1,000만 원)을 마련하기 위해서는 연 수익률 7%라고 가정했을 때, 매월 125만 원의 투자금이 필요하다. 권세연 씨의 경우 매월 여유자금이 120만 원 정도 되므로 추가적으로 생활비의 지출내역을 검토하여 5만 원 정도만 추가 투자금으로 조성하면 되므로 크게 무리가 되지는 않는다.

결혼 자금 마련을 위한 투자상품으로는 적립식펀드가 가장 적절한 것으로 판단된다. 최근 유럽 재정위기 및 중국 경제의 둔화우려 등으로 주식시장의 변동성이 높아지고 있으나 경기 사이클이 짧아지고 있고, 분산투자에 따른 매입단가 절감효과로 수익성과 안정성이 높은 적립식펀드가 가장 권장할 만한 상품이다. 지금까지의 투자안을 적용하였을 경우 3년 후 권세연 씨는 은행적금 약 1,000만 원과 적립식펀드 약 5,000만 원, 총 6,000만 원의 결혼 자금을 기대할 수 있다.

추가 투자는 소득공제가 가능한 상품을 활용하자

현재 생활비 80만 원은 크게 무리가 되는 수준은 아니라고 생각되며, 주택청약저축과 은행적금도 좋은 선택이라고 생각한다. 추가적으로 투자가 가능한 자금은 매월 120만 원과 격월로 150만 원, 분기별로

250만 원이 된다. 현재 CMA통장에 500만 원 정도 있는 자금은 비상 시 사용할 수 있는 자금으로 활용하면 될 것이다.

또한 권세연 씨의 경우 소득수준이 높아 대체로 소득세 과세율(지방 소득세 포함)이 16.5~26.4% 구간에 놓일 것으로 예상되고, 최우선 목 적자금인 결혼 자금 마련을 위한 투자금 외에 추가 투자가 가능하다. 따라서 세제혜택이 있고, 빠른 만큼 부담 없이 노후준비가 가능한 연 금저축에 가입할 것을 권한다. 연 400만 원까지 소득공제가 가능하기 때문에 격월로 들어오는 보너스를 활용하여 매월 34만원 또는 격월로 70만 원씩 연금저축펀드에 납입할 것을 추천한다.

이제 격월 82만 원과 분기별 200만 원이 남는다. 격월로 받는 보너 스 82만 원 중 10만 원(월)은 보장성 보험에 가입하도록 하고, 남는 자 금은 분기별로 들어오는 200만 원의 자금과 함께 원금손실위험이 낮 은 지수형 ELS나 원금보장형 ELS에 투자하도록 한다(기대수익률 8~14%).

30대 현실을 직시하고 50년을 준비하자

인생의 즐거움을 가장 많이 느낄 수 있는 시기가 30대다. 사랑하는 이와 결혼도 하고, 아이도 낳고, 조금씩 모아둔 자금을 활용하여 주택을 마련하기도 한다. 그러나 요즘은 '푸어(poor)의 시대'라고 한다. 결혼 준비와 주택마련에 많은 빚을 지다 보니 신혼여행을 다녀오면 삶이 곤궁해진다는 '허니문 푸어(Honeymoon poor)', 자녀교육비를 감당하다 보니 삶이 고달파지는 '베이비 푸어(Baby poor)', 대출받아 보금자리를 마련한 후 대출금 상환에 생활이 쪼들리는 '하우스 푸어(House poor)' 등 온통 '푸어의 시대'이다.

그러나 인생의 큰 흐름을 놓고 본다면, 경제적으로 가장 여유 있는 시기가 30대이다. 자녀가 아직 어려서 사교육비 부담이 적고, 주택 관련 비용도 40대에 비하면 훨씬 작기 때문이다. 맞벌이를 한다면 보다 많은 돈을 투자할 수 있고, 가장 큰 자산이라고 할 수 있는 젊음과 시간을 확보하고 있기 때문에 비교적 적은 부담으로 장기적인 준비를 할 수 있다.

아래에 30대가 자금관리를 할 때 알아두면 도움이 되는 10가지 핵심 포인트를 소개하였으니 반드시 염두에 두도록 하자.

30대가 알아야 할 핵심 포인트

❶ 결혼 초기에 최대한 종잣돈을 확보하라

신혼기는 결혼생활의 꽃이라고 할 만큼 가장 행복한 시기다. 그 행복을 오랫동안 유지하기 위해서는 자녀가 태어나거나 자녀교육이 시작되기 전에 최대한 종잣돈을 확보하여야 한다. 지출하고 남은 자금으로 투자를 하는 것이 아니라 투자 자금부터 떼어 놓는 생활태도가 필요하다.

❷ 예금이 아닌 투자상품에 적극적으로 투자하라

연 수익률 5%는 원금을 2배로 불리는 데 14.4년이 걸리는 반면, 연 수익률 4%는 18년이 소요된다. 투자수익률 1%의 차이는 투자기간이 길어질수록 결코 작지 않은 결과의 차이를 만든다. 투자 상품의 위험도를 낮출 수 있는 장기투자를 통해 최대한 수익률을 높이도록 해야 한다.

❸ 주택청약종합저축에 가입하라

주택시장의 부진한 흐름에도 불구하고 주택은 삶을 안정적으로 이끄는 보금자리다. 대체로 시세보다 낮은 가격으로 제공되는 국민주택 또는 민영주택 분양 시 혜택을 받을 수 있기 때문에 취업과 동시에 주택청약종합저축에 가입하도록 한다. 납입액에 대한 소득공제혜택은 덤이다.

❹ 내집마련을 위한 정책자금을 최대한 활용하라

국민주택기금을 통해 일정조건이 될 경우 전세 가격의 70% 범위 내에서 8,000만 원까지 전세자금을 4.0%의 저리로 융자받을 수 있다. 정책적으로 지원하는 만큼 시중은행 대출에 비해 낮은 이율로 자금을 융통할 수 있기 때문에 내집마련용 자금이 부족할 경우 활용할 것을 권한다. 본인의 연봉 중 성과급을 제외한 기본급이 기준이 되기 때문에 대부분의 직장인이 활용할 수 있다.

❺ 노후준비는 30대부터 시작하라

저출산 고령화 및 가족부양의식의 약화로 노후를 본인이 직접 준비해야 하는 시대가 되었다. 40대 이후에나 준비하겠다는 안일한 생각은 나중에 감당 못할 부담을 키울 수 있다. 60세 시점에 5억 원의 은퇴자금이 필요한 경우 세후 7%의 수익률로 30세부터 매월 약 42만 5,000원을 투자하면 되지만, 40세부터 준비할 경우 매월 98만 원을 투자해야 한다.

❻ 자녀가 돈 걱정과 빚에 시달리지 않도록 하라

우리나라에서 자녀 한 명을 낳아 대학교를 졸업시키기까지 약 2억 6,000만 원의 자금이 필요하다. 가장 큰 비중을 차지하는 대학등록금은 자녀가 태어나자마자 또는 자녀 명의의 투자통장을 통해 10년 이상 장기에 걸쳐 준비하도록 하자. 매월 20만 원을 투자하여 연 7%의 수익률을 얻을 수 있다면 20년 후 1억 원이

넘는 자금을 마련할 수 있다. 여러분의 자녀가 학창시절에 돈 걱
정에 시달리거나 학자금 대출로 빚을 안고 사회생활을 시작하는
것은 막아야 하지 않겠는가?

❼ 보장성 보험으로 예기치 않은 위험에 대비하라

사고나 질병 없이 살 수 있다면 얼마나 좋겠는가. 그러나 우리는
주변에서 예기치 않은 교통사고나 질병으로 젊은 나이에 사망하
거나 경제활동을 할 수 없게 되는 상황을 가끔 보게 된다. 만일
한 가정의 가장이 그렇게 된다면 남은 가족들의 고통은 이루 말
할 수 없을 것이다. 남은 가족들이 경제적 어려움을 극복하고 예
정된 라이프 사이클을 원만하게 보낼 수 있도록 보험을 통해 필
요한 보장을 미리 준비해야 한다.

❽ 비상금(예비자금)을 확보하라

집안의 대소사나 가장의 갑작스러운 실직, 자동차 수리비, 이사
등 살다 보면 뜻하지 않게 자금이 필요해질 때가 있다. 이런 때
를 대비하여 비상 예비자금을 준비할 필요가 있다. 그렇다면 얼
마나 예비자금을 준비해야 할까? 일반적으로 3~6개월 정도의
생활비를 준비할 것을 권하는 데 맞벌이인지, 외벌이인지, 자영
업자인지 또는 결혼 여부에 따라 규모를 달리해야 한다. 현금흐
름이 좋은 경우라면 3개월, 그렇지 않다면 6개월 정도의 생활비
를 준비하도록 한다.

❾ 자산리밸런싱을 주기적으로 시행하라

투자자산과 안전자산의 투자비중 또는 투자자산 내에서의 투자
상품별 비중을 정기적으로 확인하여 비중을 조절하도록 한다.

주가 하락기에는 주식자산의 비중을 확대하고, 주가 상승기에는 주식자산의 비중을 축소하여 자산별 투자비중을 조절한다. 자산 리밸런싱은 경기국면에 따른 이익실현과 저가매수를 가능하게 해주는 방법이 될 수 있다.

⑩ 절세상품을 최대한 활용하라

연령 및 개인별 상황을 고려한 세제혜택(소득공제, 세금우대 등) 금융상품을 최대한 활용하고 수익률은 항상 세전수익률이 아닌 세후수익률로 판단하도록 한다.

사례 1 병원에서 사회복지사로 근무 중인 30대 가장

36세의 백상엽 씨는 과거 보험회사에 근무했었고, 지금은 의료기관에서 사회복지사로 근무하고 있다. 동갑내기 아내와 예쁜 두 딸을 부양하고 있는데, 첫째 아이는 5세로 어린이 집에 다니고 있고, 둘째 아이는 이제 막 돌이 지났다. 첫째의 어린이 집 납입금은 정부로부터 지원을 받고 있고, 둘째도 매월 10만 원 상당의 지원(기저귀, 분유 등)을 받고 있기 때문에 아직은 아이들 앞으로 큰돈이 들어가지 않는다. 2년 전 대출을 받아 작은 아파트를 장만했으며, 직업의 특성상 안정성은 높으나 급여수준이 높지 않아서 자녀 교육비 마련에 가장 크게 관심을 두고 있다.

현재의 자산은 아파트 1억 2,000만 원(24평, 대출금 4,000만 원, 이자율 4.7%)와 CMA 300만 원 정도가 전부다. 월소득 250만 원 중 고정적인 지출은 생활비 100만 원, 부모님 용돈 10만 원, 은행적금 20만 원(3년 만기로 2년 6개월째 납입하고 있음), 대출원리금 상환 40만 원, 연금저축보험 10만 원, 종신보험 30만 원 등이며 매월 30~40만 원 정도의 여유자금은 아이들 자녀교육비 용도로 활용하고 싶어한다.

자녀교육도 중요하지만 노후준비는 더 중요하다

백상엽 씨의 경우 참 알뜰하게 생활하고 있는 것으로 판단된다. 아파트 매수시기도 좋았지만 많지 않은 소득으로 벌써 집을 장만하였고 소득대비 지출내역을 봐도 크게 무리가 가지 않는 구조다. 추가적으로 몇 가지만 조언을 한다면, 다음과 같다.

첫째, 보험료 비중이 높은 편이다. 백상엽 씨가 과거 보험회사에 근무하여 보험의 필요성에 대한 이해도가 높은 것은 이해가 되나 현재의 급여수준에 비추어 볼 때 보험료의 비중이 다소 과하다는 생각이다. 다만, 보험료의 대부분을 차지하고 있는 종신보험이 연금형으로 전환이 가능하기에 일부 자금에 대해서는 미래 노후준비를 위한 연금보험의 성격으로 본다면 크게 문제가 되지는 않겠다.

둘째, 일반적으로 대부분의 30대 부모가 그러하듯이 백상엽 씨도 자녀교육에 대한 관심에 비해 본인과 배우자를 위한 노후준비에 대한 인식이 부족하다. 현재 매월 40만 원 정도의 여유자금 중 30만 원을 자녀교육비 마련을 위한 적립식 펀드에 투자할 것을 권하며, 남는 10만 원을 추가적으로 연금저축에 납입하도록 한다. 그리고 은행적금에 납입하고 있는 20만 원은 금리가 4% 수준으로 대출금리보다도 낮은 수준이어서 좋은 투자방안은 아니라고 생각된다. 만

변경 전 지출		변경 후 지출	
생활비	100	생활비	100
부모님 용돈	10	부모님 용돈	10
종신보험(본인+배우자)	40	보장성보험(본인+배우자)	40
은행적금	20	**적립식투자(대학교육자금)**	**30**
대출원리금	40	**연금저축펀드**	**30**
CMA	40	대출원리금 상환	40
합계	**250**	**합계**	**250**

기가 얼마 남지 않았다고 하니 만기가 도래하는 즉시 대출 원리금 상환을 통해 대출금 상환부담을 줄이는 것이 좋겠다. 이후 추가적인 가용자금은 노후준비를 위한 연금저축(10만 원)과 자녀교육비 마련을 위한 적립식 펀드(10만 원)에 추가적으로 납입하는 것이 바람직하다.

사례 2   외벌이 30대 직장인의 주택 및 자녀 교육자금 마련

직장생활 7년차인 우현재 씨(35세)는 전업주부인 아내(33세)와 1명의 자녀(2세)가 있다. 연봉 4,200만 원(실수령액 기준)을 받아 월평균수입은 350만 원 수준이다. 향후 분양 등을 통해서 주택을 마련하고자 하며, 나이 어린 자녀를 충분히 교육시키기 위한 교육자금을 미리미리 준비하고자 한다.

주택자금은 세제혜택이 있는 주택청약종합저축이 필수

주택자금 마련에 가장 큰 비중을 쏟는 30대는 세제혜택이 있는 주택청약종합저축을 필수적으로 가입하여야 하며 장기적인 관점에서 안정성 중심의 적금보다는 적립식펀드나 ELS 등 투자금융상품 비중이 높아야 할 것이다. ELS의 경우 최저 투자금액이 100만 원 이상이기 때문에, 적금 또는 적립식 투자로 축적된 자금이나 특별 보너스 같은 자금을 투자하도록 한다. 수도권의 평균 주택가격이 3억 6,000만 원이므로 투자를 통해 모든 자금을 마련할 수 없는 만큼 부족한 자금은 생애최초주택마련 대출과 근로자서민구입자금대출 등 저금리 정책자금을 최대한 활용하도록 하자.

자녀교육비 마련을 위해서 월 20만 원을 적립식 펀드(ETF 적립식 투자도 가능)에 투자하도록 한다. 2세의 자녀가 약 16년 후 대학에 입학할 경우 16년간 7%의 수익률로 약 7,700만 원을 마련할 수 있다. 현재의 연간 대학등록금(사립대 기준, 평균 860만 원) 인상률이 연 4%일 경우 16년 후 자녀의 4년간 대학등록금은 약 6,900만 원으로 매년 20만 원씩만 투자해도 대학등록금을 마련할 수 있다.

노후준비를 위해서는 연금저축펀드와 개인연금보험에 각각 34만 원과 20만 원을 투자하여 20~30년 후 맞이하게 될 노후를 준비하도록 한다. 가정을 이룬 만큼 가장의 예기치 않은 사고로 발생할 수 있는 경제적 어려움을 피하기 위해 보장성보험도 필수적으로 가입하여야 하고 자녀를 위한 어린이 보험도 가입하는 것이 좋겠다.

수 입		지 출	
		생활비	140
		CMA(예비비)	16
		주택청약종합저축	10
		적립식펀드(주택마련)	70
		적립식펀드(자녀교육비)	20
월급여	350	적금	20
		연금저축펀드	34
		변액연금보험	20
		보장성보험	15
		어린이보험	5
합계	350	합계	350

사례 3 맞벌이 부부, 연소득 1억이 넘는 데 돈이 안 모여요

직장생활 13년차로 대기업 과장인 박형조 씨(38세)는 약사인 아내 신하나 씨(35세)와 맞벌이를 하는 전형적인 중산층이다. 슬하에 5세의 딸과 3세의 아들이 있다. 연소득은 부부 합산 세후로 1억 원(남편 6,000만 원, 아내 4,000만 원) 정도로 버는 규모는 많은 편이다. 그러나 주변 사람들과 비슷하게 생활하는 것 같은데 모이는 돈이 많지 않아 고민이다. 3년 전 아파트를 4억 원에 매입했고 이 중 2억 원을 연 5% 중 반대 금리에, 10년 거치 조건으로 대출받았다. 연간 이자 비용은 1,100만 원(월 92만 원)이고, 생활비, 육아비 등으로 매월 500만 원 정도를 지출하고 있다.

현재 박형조 씨는 소득이 840만 원이고, 지출 역시 840만 원으로 지출내역은 생활비 500만 원, 교육비 120만 원(유치원, 어린이집 등), 부모님 용돈 30만 원, 보험 50만 원, 어린이보험 10만 원, 펀드 100만 원, 은행적금 30만 원 등이다.

과도한 생활비를 줄여 지출구조를 바꿔야 한다

박형조 씨의 가장 큰 문제점은 교육비를 포함한 생활비 지출이 과도하다는 점이다. 두 지출이 소득에서 차지하는 비중이 74%에 달한다. 맞벌이다 보니 아이들을 종일반 유치원과 어린이집에 맡기게 되고, 평일에 아이들과 놀아주지 못해 주말에 외식이나 여행을 많이 하게 되는 결과다. 맞벌이의 특성상 현재의 자녀교육비는 축소가 어렵다고 해도 생활비는 과감한 축소가 불가피하다. 현재의 500만 원에서 400만 원으로 과감하게 축소할 것을 권한다. 현재의 지출구조로는 향후 늘어날 자녀교육비와 주택대출자금 상환 및 노후자금을 준비할 수 없다.

박형조 씨의 경우 보장성 보험을 통한 위기상황에 대한 보장자산이 준비되어 있는 만큼 투자를 통해 준비해야 할 재무 이벤트별 목적자금을 분명히 정해야 한다. 박형조 씨의 경우 노후자금, 주택자금 상환, 자녀교육비 준비로 나누어 볼 수 있다.

우선 노후자금을 마련하려면 연금저축부터 가입해야 한다. 박형조 씨의 경우 높은 급여 수준에도 불구하고 노후준비의 가장 기본적인 상품이라고 할 수 있는 연금저축에 가입되어 있지 않다. 연간 납입액 400만 원까지 소득공제가 가능하고, 55세부터 수령할 수 있으며, 장기투자에 따른 복리효과를 최대한 누릴 수 있는 연금저축펀드에 월 34만 원을 납입하도록 한다. 박형조 씨가 16년간 매월 34만 원씩 납입하고 연 7% 수익률이 기대될 경우 55세 시점에 1억 1,800만 원의 자금이 조성된다.

추가적으로 매월 50만 원 정도를 변액연금보험에 가입하여 여유로운 노후자금을 준비하도록 한다. 박형조 씨의 경우 65세 이후에 국민연금 수령이 가능하고 60세까지 국민연금을 납부할 경우 현재 기준으로 약 110만 원의 연금수령이 가능하나 공적연금 개혁으로 70~80만 원 정도를 받는 것으로 기대치를 낮추어야 한다. 퇴직연금으로는 약 60~70만 원, 기타 연금저축과 개인연금 등 사적 준비를 통해 월 100~120만 원, 총 230~270만 원 정도를 기대할 수 있다.

다음은 자녀교육비로 현재 매월 100만 원 정도를 펀드에 투자하고 있는데, 이 자금은 자녀교육비 용도로 활용하면 되겠다. 10여 년 후 두 자녀가 대학에 들어갈 경우 필요한 등록금은 딸의 경우 현재 대학등록금대비 1.7배(등록금 인상률 4% 가정) 수준으로 4년간의 대학등록금은 약 5,900만 원 정도이다. 아들의 경우 같은 가정에 의하면 약 6,500만 원의 자금이 필요하다. 12년간 매월 70만 원을 7%의 수익률로 투자할 경우 1억 5,600만 원의 자금이 조성되어 자녀 대학등록금을 충분히 마련할 수 있다.

마지막으로 주택대출자금 상환이다. 박형조 씨의 대출금 상환은 10년 거치 기간 중 3년이 경과하여 7년 후부터는 이자와 함께 원금을 상환해야 한다. 이는 가계에 적지 않은 부담이 될 수 있으므로 대출금 상환에 대한 준비가 따로 있어야 한다. 은행적금의 만기가 도래할 때 주택대출 원금을 상환하고 과도한 생활비를 축소(500만 원 → 400만 원)하여 조성된 자금 중 50만 원을 적립식으로 투자함으로써 7년 후 약 5,400만 원을 상환하면 그 부담은 크게 경감될 것이다.

변경 전 지출		변경 후 지출	
생활비	500	생활비	400
자녀교육비	120	자녀교육비	120
부모님 용돈	30	부모님 용돈	30
보장성 보험(본인+배우자)	50	보장성 보험(본인+배우자)	50
어린이보험	10	어린이보험	10
펀드	100	적립식투자(주택자금상환)	50
은행적금	30	적립식투자(대학교육자금)	70
		연금저축펀드	34
		개인연금(변액연금)	50
		은행적금	26
합계	840	합계	840

사례 4 저리 대출자금으로 투자를 고민 중인 30대 초반의 공무원

공서민 씨는 아직 미혼인 30세 공무원이며, 보증금 5,000만 원인 전세로 입주할 예정이다. 부모님께서 전세금 중 3,000만 원을 마련해 준다고 하시는데, 집을 구하는 과정에서 알아보니 근로자 서민대출을 통해 연 4%로 5,000만 원까지 받을 수 있다고 한다. 현재 공서민 씨의 순자산은 대출금 1,000만 원이다. 부모님으로부터 도움을 받을 경우 대출 1,000만 원(한달 이자 4만5,000원)을 상환하고, 근로자 서민 대출로 마련한 돈(5,000만 원)으로 방을 얻으면 2,000만 원이 남는다.

공서민 씨는 저리의 대출자금(연 4%의 근로자 서민대출 자금)을 받아서 투자를 할 것인지 말 것인지 잘 몰라서 고민하고 있다.

대출 받아서 투자하는 것은 무리수

부모가 자금을 자녀에게 넘겨 줄 경우 3,000만 원까지 증여세가 면제되므로 공서민 씨는 부모로부터 3,000만 원을 받고 증여신고를 하여 자금출처를 분명히 밝히도록 하는 것이 좋다.

결국 근로자 서민대출을 3,000만 원만 받을 것이냐, 아니면 5,000만 원을 받아서 2,000만 원을 4% 이상 수익을 얻을 수 있는 금융상품에 투자할 것이냐 하는 것이 문제다. 세후수익률 4%는 원천징수세(15.4%)를 감안할 경우 세전 4.728% 이상의 수익률을 얻을 수 있는 금융상품을 찾아야 한다. 현재 대부분 은행의 1년 만기 정기예금 금리는 4% 내외를 보이고 있어 은행예금은 적절하지 못하다. 기타 투자상품의 경우 지수형 ELS나 회사채 투자 시 5% 이상의 투자수익이 기대된다.

그러나 여유자금이 아닌 대출자금인 만큼 추가적인 소득의 폭이 크지 않고 추후 목돈이 필요한 경우 중도환매에 따른 손실 우려가 있기 때문에 전셋집 마련을 위해 부족한 자금 3,000만 원만 대출받을 것을 권한다. 그리고 향후 주택마련을 위해 주택청약종합통장에 가입하여 매월 10만 원씩 납입할 것을 권한다.

03 40대 자녀교육과 노후준비를 동등하게 하라

인생의 중심에 선 40대는 자녀교육에 함몰되어 노후준비에 소홀하기 쉽다. 40대는 노후를 준비할 수 있는 마지막 시기로 최소한 자녀교육과 동등한 비중으로 본인의 노후를 준비해야 한다. 지금의 40대는 '부모님께 효도하는 끝 세대, 자식들로부터 버림받는 첫 세대'로 이른바 샌드위치 세대라고 한다. 그만큼 스스로의 노후준비가 절대적으로 중요한 시기다.

그러나 현실은 암울하다. 자녀교육비와 주택대출 원리금 상환 및 노부모 부양 등으로 허리가 휠 지경이다. 실제로 우리나라 40대 100명 중 14.4명은 노후준비가 전혀 안 되고 있으며, 준비하고 있는 40대의 반 이상이 국민연금과 같은 공적연금에 의존하고 있다. 지금부터라도 최소한 월급여의 10% 정도는 노후준비 자금으로 미래의 본인과 배우자를 위해 따로 떼어 둘 것을 권고한다.

아래에 40대가 자금관리를 할 때 알아두면 도움이 되는 10가지 핵심 포인트를 소개하였으니 반드시 염두에 두도록 하자.

---

❶ **'사자의 코털과 아버지의 퇴직금은 건드리지 마라'**

최근 한 금융회사의 광고 문구다. 불편한 진실이지만 여러분의 노후는 여러분의 자녀가 책임지지 않는다. 취업난으로 취직연령이 늦어지고, 결혼연령 또한 자연스럽게 늦춰지고 있다. 최근 전문가 또는 경제적으로 부유한 자녀를 둔 부모들이 부양비 지급소송을 제기했다는 기사가 심심치 않게 언론에 오르내린다.

❷ **100세 시대에 맞추어 노후를 준비하라**

평균수명과 기대여명은 다르다. 현재의 평균수명은 80세 정도이지만, 현재 40대의 기대여명은 50년에 육박하기 때문에 평균수명보다 보수적으로 노후자금을 준비해야 한다. 85세까지 생활할 것으로 예상되는 자금을 준비했는데, 90세까지 생존한다면 어쩔 것인가? 또한 여성의 평균수명이 남성보다 7년 정도 길다는 점을 감안하여 배우자가 혼자 살게 되는 기간을 고려한 노후준비가 필요하다.

❸ **부동산에 집중된 자산구조를 탈피하라**

우리나라의 40대는 전체 자산에서 부동산이 차지하는 비중이 71%에 달한다. 노후준비를 위해 필요한 자금대비 공적연금과 퇴직연금의 비중이 낮은 상황에서 사적으로 은퇴자금을 준비해야 함에도 불구하고, 환금성이 떨어지는 부동산 비중이 과도하게 높기 때문에 부동산에서 금융자산으로의 자산배분 변화와 함께 금융자산의 세부상품별 비중조절을 통한 자산구조의 변화가 필요하다.

④ 10년 이상 장기투자로 수익성을 제고하라

40대는 아직 10년 이상의 경제활동이 가능하다. 10년 정도면 2~3번의 경기 사이클이 가능하기 때문에 적립식 분산투자 방법을 활용할 경우 은행예금+α의 수익률을 달성할 가능성이 높다. 원금 1억 원의 10년간 연평균 수익률 7%와 4%의 차이가 약 5,000만 원에 달한다.

⑤ 투자목표를 구체적으로 설정하라

노후준비와 자녀교육비, 주택마련은 40대가 직면하는 가장 중요한 재무 이벤트다. 투자목표(목표금액)를 구체적으로 설정하고 목적자금 마련을 위한 금융상품을 선택하자. 40세의 경우 20년 후 노후생활을 위한 부족자금 2억 원을 만들기 위해 매월 40만 원을 투자하기로 한다거나, 10년 후 자녀 대학등록금 1억 원을 준비하기 위해 매달 30만 원을 투자하는 식의 구체적인 투자목표를 설정하여야 보다 효과적인 목표 달성이 가능하다.

⑥ 자산의 리밸런싱을 주기적으로 실행하라

자산별 수익률에 따라 최초 기대대로 자산이 불어날 수도 있고, 기대치에 미치지 못할 수도 있다. 기대치를 넘어섰다면 수익률을 낮추고 안전자산의 비중을 높일 수도 있고, 반대의 경우가 발생할 수도 있다. 1년에 한번 정도 투자자산의 구성현황 및 자산 상태를 점검하고, 금융상품 교체도 고려해야 한다. 최근 동양증 권의 상품 중에 KOSPI200과 S&P500지수를 기초자산으로 하는 ELS의 경우, 기준가격 대비 60% 이상 하락하지 않는다면 연 수 익률 14% 이상 얻을 수 있는 투자상품도 있었다.

❼ 상속과 증여도 체계적으로 수행하라

자산규모가 크고 경제적으로 충분히 여유가 있는 40대라면, 자 산증식과 함께 자산이전에도 관심이 많을 것이다. 자산이전 과 정에서 절세를 극대화하기 위해서 장기에 걸쳐 증여를 하도록 하고 갑작스런 상속에 대비한 상속세 납부자금을 상속형 개인연 금을 통해 미리미리 준비하도록 한다.

❽ 절세상품을 최대한 활용하라

연령 및 개인별 상황을 고려한 세제혜택(소득공제, 세금우대 등) 금 융상품을 최대한 활용하고 수익률은 항상 세전수익률이 아닌 세 후수익률로 판단하도록 한다.

❾ 경제신문 하나 정도는 구독하라

사회경제 및 금융환경의 변화에 적절하게 대응하기 위해서는 경 제흐름 및 패러다임의 변화를 잘 읽어야 한다. 40~50년에 달하 는 노후를 한두 가지의 금융상품으로 완벽하게 준비하기는 어렵 다. 최소 1개의 경제신문을 꾸준히 구독하는 것도 좋은 방법이다.

❿ 자신의 본업에 충실하고 건강에 유의해야 한다

40세가 되면 국민건강보험공단의 생애전환기 건강검진이 시작 된다. 그만큼 40대는 서서히 건강에 적신호가 켜지는 시기다. 40

대 사망률 전 세계 1위라는 오명은 그냥 나온 것이 아니다. 그만큼 40대는 과로와 스트레스에 시달리고 있다는 반증이다. 나름대로의 스트레스 해소법을 찾고 건강관리에 유의해야 현재의 본업에도 충실할 수 있다. 모든 자산관리의 기본은 건강을 기초로 한다.

사례 1 택배업체에 근무하는 40대 직장인의 고민

택배업체에 근무하는 안재모 씨(43세)는 부인 신형원 씨(40세)와 딸(13세), 아들(10세)을 두고 있다. 상여금을 포함한 월평균 소득은 300만 원(실수령액)이며 몸이 많이 불편한 어머니를 요양병원에 모시고 있다. 어머니의 치료비가 월 120만 원 정도 되는데 5명의 형제자매가 24만 원씩 부담하고 있다. 딸아이가 내년에 중학교에 입학하고 작은 아이는 초등학교 고학년이 되면서 학원비 등 사교육비 지출이 커질 것으로 예상된다. 하루라도 빨리 자녀 대학등록금과 최소한의 노후자금을 준비하기 위한 고민이 많다.

안재모 씨는 현재 아파트 21평(8,500만 원, 대출금 3,000만 원), 택배차량 5,000만 원(대출금 2,000만 원), 저축은행 정기예금 1,000만 원(금리 5.0%), 은행보통예금 300만 원, 부채를 제외한 순자산 9,800만 원 등의 자산을 보유하고 있다.

수입		지출	
		생활비	120
		자녀교육비(학원비)	30
		어머니 요양병원비	24
월급여	300	대출이자(10년 원리금균등분할상환)	52
		저축은행 정기적금	30
		보장성보험	10
		예비비	34
합계	300	합계	300

10년 내 닥칠 대학등록금과 노후준비를 해야 한다

안재모 씨는 우리나라의 전형적인 서민층을 대변하는 모습을 보이고 있다. 부모님을 직접 모시다가 여의치 않아서 요양병원에 모시고 있는 상황이고, 아파트 담보대출이 있으며, 직업상 차량구입을 위해 대출을 받았고, 아이들이 커가면서 자녀교육비 부담이 커지고 있다. 앞으로 중학교, 고등학교에 들어가면 그 부담은 더욱 커질 것이다.

안재모 씨의 월별 지출현황을 보면 생활비, 자녀교육비와 어머니 병원비 등은 축소가 어려운 상황이다. 현 상황에서도 저축은행 정기적금과 예비비를 활용할 수 있으나, 10년 내 닥치게 될 두 자녀의 대학등록금과 노후준비를 위해서는 추가적인 투자금 마련과 수익성 제고가 필요해 보인다.

대출금은 상환하고 보통예금은 CMA로 전환해야

현재 보유하고 있는 자산 중 저축은행 정기예금은 만기가 도래하는 즉시 택배차량을 구입하면서 융통한 대출금을 상환해야 한다. 세금을 고려할 때 대출금을 상환하는 것이 훨씬 유리하다. 세금우대라 해도 5%의 금리는 세후수익률로는 4.525%인 반면, 대출이자는 5%로 하루라도 빨리 상환하는 것이 바람직하다. 대출금을 상환할 경우 매월 대출원리금 지출액은 기존 52만 원에서 41만 원으로 축소된다.

그리고 현재 300만 원 정도 보유하고 있는 은행의 보통예금 통장은 이자가 거의 붙지 않는다. 따라서 하루만 맡겨도 연 3% 초반대의 이자가 붙는 CMA통장으로 주거래 통장을 바꾸기 바란다. 그리고 예비자금으로 볼 수 있는 금액이 300만 원이므로, 매월 잉여자금을 통해 최소 500만 원 이상 예비비를 확보해야 한다. 여러 형제자매가 있기는 하지만 어머니께서 몸이 편찮으시기 때문에 갑작스런 의료비 지출 등에 대비해야 하겠다.

펀드로 등록금 마련하고 연금저축으로 노후준비

안재모 씨의 경우 자녀의 대학등록금 마련을 위한 투자가 전혀 이루어지지 않고 있다. 큰 아이가 6년 후, 작은 아이가 9년 후 대학에 입학하게 된다. 현재의 사립대 연간 등록금 860만 원을 연간상승률 4%로 가정할 경우 큰 아이의 경우 약 4,600만 원, 둘째의 경우 약 6,000만 원의 자금이 필요하다. 현재의 은행정기예금만으로는 턱없이 부족하다. 6년 이상 장기 투자를 통해 자금을 마련해야 하는 만큼, 적립식 펀드를 통해 큰 아이 명의로 매월 25만 원씩 투자해야(투자수익률 7% 가정) 약 2,200만 원 정도의 자금을 마련할 수 있다. 필요금액 전액을 마련하기는 어렵겠지만 어느 정도 부담을 줄일 수는 있다. 작은 아이의 경우도 20만 원씩 9년간 투자할 경우 약 3,000만 원 정도를 마련할

안재모 씨를 위한 지출계획 변경 (단위 : 만 원)

변경 전 지출		변경 후 지출	
생활비	120	생활비	120
자녀교육비(학원비)	30	자녀교육비(학원비)	30
어머니 요양병원비	24	어머니 요양병원비	24
대출이자(10년 원리금균등분할상환)	52	대출이자(10년 원리금균등분할상환)	41
저축은행 정기적금	30	보장성보험	10
보장성보험	10	**적립식펀드(자녀교육비)**	**25**
예비비	34	**적립식펀드(자녀교육비)**	**20**
		연금저축	**30**
합계	300	합계	300

수 있다.

안재모 씨의 경우 퇴직금을 제외한 노후준비 자금이 전무한 상황이다. 소득공제라는 세제혜택을 받을 수 있고 55세 이후 연금수령을 통해 노후생활비로 활용이 가능한 연금저축에 매월 30만 원씩 납입하여 국민연금, 퇴직연금과 함께 최소한의 노후자금을 준비하기 바란다.

사례 2 부자로 은퇴하고 싶은 40대의 목적자금 설계(직장인)

중소기업에 부장으로 근무하고 있는 박직장 씨(45세)는 직장생활 19년차로 아내(42세)와 두 명의 자녀(10세, 7세)가 있다. 연봉 6,000만 원(실수령액)을 받아 월평균수입은 500만 원이다. 5년 전 배우자가 직장생활을 그만두면서 받은 퇴직금과 그 당시의 자금을 활용하여 수도권에 가족이 생활할 수 있는 주택(32평)은 마련되어 있는 상황이다. 그래서 두 자녀의 교육자금과 노후준비를 집중적으로 준비하면서 여유가 된다면 집을 확장하고자 한다.

주택이 있으니 자녀교육과 노후준비에 집중한다

다행스럽게도 주택 부담이 해소되었다는 점에서 자녀교육과 노후준비에 집중할 수 있는 여건이 조성되었다. 생활비는 월소득의 50% 내외로 예산을 잡고, CMA통장으로 3개월에서 6개월치의 생활비를 예비비로 관리한다. 두 자녀의 교육비를 마련하기 위해서는 적립식펀드에 투자하는 것을 추천한다. 최근에는 스마트한 적립식 투자방식이 개발되고 있어 다양한 형태로 투자할 수 있다. 예들 들어 매월 일정액을 주식형 펀드에 매월 일정액씩 투자할 수도 있고, ETF나 특정주식을 매월 매수할 수도 있으며 목표수익률을 정하여 자동환매가 되도록 조건을 설정할 수도 있다.

한편, 특별 보너스나 연말정산 환급, 기존 투자금의 만기도래 등으로 목돈이 생기는 경우 ELS, 브라질국채, 헤지펀드 등에 투자하는 것도 좋은 방안이라고 생각된다.

연금저축펀드는 노후를 준비함과 동시에 연 400만 원까지 소득공

박직장 씨를 위한 목적자금 설계 (단위 : 만 원)

수입		지출	
		생활비	250
		부모님 용돈	20
		적립식펀드(두 자녀 교육비)	100
월급여	500	은행적금	30
		연금저축펀드	30
		변액연금보험(비과세)	50
		보장성 보험	20
합계	500	합계	500

제 혜택을 받을 수 있으므로 반드시 가입하도록 한다. 매월 30만 원 정도를 저축하고 연말에 소득공제부족분을 추가 납입하도록 한다. 국민연금과 퇴직연금 및 연금저축펀드로 부족한 노후자금은 변액연금보험을 활용하여 준비해나간다. 예상치 못한 사고 및 질병으로 인한 의료비 지출에 대비하기 위해 실손건강보험 등 약 20만 원 규모의 보장성 보험에 가입한다.

사례 3 부자로 은퇴하고 싶은 40대의 목적자금 설계(자영업자)

부인(42세)과 함께 자영업(음식점)을 시작한 지 10년 정도 되는 이자영 씨(45세)는 초등학생인 두 자녀(10세, 7세)를 부양하고 있는 가장이다. 계절별로 수입이 불규칙하나, 고정고객을 확보하여 어느 정도 영업기반을 마련한 상태이다. 월평균 600만 원 정도의 소득을 얻고 있으며, 향후 사업을 확장할 계획도 가지고 있다.

자영업자는 개인연금에 높은 비중을 두어야 한다

자영업자의 소득은 불규칙하므로 월평균 소득을 산정한 후 여유분(부족분)은 예비비로 활용하고 가계자금을 별도로 관리하는 것이 중요하다. 또한 일반 직장인과 달리 퇴직금이 없고 국민연금 가입액도 상대적으로 작기 때문에 사적인 노후준비가 가장 중요하다.

생활비는 월소득의 50~60% 수준을 넘지 않도록 하고, 노후자금은 직장인의 퇴직연금을 대체할 수 있도록 개인연금에 보다 높은 비중을

(단위 : 만 원)

수입		지출	
		생활비(자녀교육비 포함)	300
		부모님 용돈	30
		적립식펀드(사업재투자 등)	50
월소득	600	적립식펀드(자녀교육비)	100
		연금저축펀드	30
		변액연금보험	70
		보장성 보험	20
합계	600	합계	600

투자해야 한다. 또한 사업 재투자, 주택 마련 및 확장 등의 목적자금 마련을 위해 매월 소득의 10% 이상을 적립하여 투자한다. 자녀교육비를 마련하기 위해 10% 정도를 적립식 펀드 또는 ELS에 투자하여 전체적으로 목적자금 마련을 위한 투자금액이 전체 소득의 40% 수준이 되도록 한다. 마지막으로 예상하지 못한 의료비 지출 및 가장의 부재에 대비하기 위해 보장성 보험에 가입하도록 한다.

사례 4 전문직 40대의 자산증식

김현준 씨(45세)는 신도시에서 7년째 내과를 운영하고 있으며 월수입은 세후로 1,100만 원 정도 된다. 동갑내기 부인과 두 자녀(15세, 11세)를 두고 있다. 7년 전 병원을 개업하면서 대출을 받았으나, 지금은 모두 상환하였다. 병원을 개업하면서 대출받은 자금 상환에만 신경쓰다 보니 특별히 자산관리에 관심을 두지 않았으나 대출금도 모두 상환되

김현준 씨의 월별 수입 지출 현황
(단위 : 만 원)

수입		지출	
		생활비	500
		자녀교육비(두 자녀 영어 및 수학 학원비 + 학습지 등)	150
월수입	1,100	종신보험(사망보험금 3억 원, 3년 전 가입)	50
		변액연금보험	50
		두 자녀 명의 적립식 펀드(자녀당 50만 원, 2년 경과)	100
		매월 잉여자금	250
합계	1,100	합계	1,100

어, 최근에는 자녀교육 및 자산을 안정적으로 증식시키는 일에 관심이 많다. 지금까지는 대부분의 돈을 은행에 넣어 두었으나 수익률이 신통치 않았다. 또한 김현준 씨는 60세까지 병원을 운영할 계획이고 이후에는 월 500만 원 정도의 생활비를 유지하고 싶어한다.

김현준 씨는 현재 부동산으로 48평 아파트(약 6억 원)가 있고, 현금 자산은 은행 예금 2억 원, CMA 5,000만 원이 있으며, 부채는 없다. 그리고 아이들 명의로 적립식 펀드에 50만 원씩 납입하고 있다.

전문직은 높은 위험관리가 요구된다

김현준 씨는 소득수준이 높은 전문직이다 보니 생활비 규모도 크고 자녀교육에도 많은 규모의 자금을 지출하고 있다. 그러나 높은 소득수준에 비해 가장의 불의의 사고에 대한 보장금액이 다소 적은 편이다. 사망보험금 3억 원은 일반가정에서도 납입하는 금액이므로 종신보험료 증액을 통해 사망보험금을 5억 원 수준으로 상향조정할 것을 권한다. 이럴 경우 종신보험료는 월 100만 원 정도로 늘어나게 된다.

한편 대출금을 모두 상환하여 빚이 없고 48평 아파트를 보유하고

있어, 주된 관심사가 자녀교육과 은퇴준비에 집중되어야 한다는 판단
이다.

일반적으로 전문직은 일반가정보다 높은 위험관리가 요구되며, 절
세상품을 활용하여 큰 규모의 은퇴자금을 준비해야 한다.

교육비는 대학원까지 고려해서 추가 투자가 필요하다

김현준 씨는 두 자녀 명의로 2년 전부터 적립식 펀드에 투자하고 있는
데, 첫째 아이가 4년 후, 둘째 아이가 8년 후 대학에 입학할 예정이다.
현재의 등록금을 860만 원, 연간 등록금 인상률을 4%로 가정할 경우
두 자녀의 대학등록금은 각각 4,500만 원과 6,000만 원으로 예상되
며, 김현준 씨의 경우 대학원 입학까지 고려하여 대학입학 시점을 기
준으로 자녀 1인당 1억 원 정도의 교육자금 마련을 원하고 있다.

자녀 교육자금(대학등록금)을 마련하는 데 있어 현재 자녀 명의의 적
립식 펀드(7% 수익률 가정)로, 첫째 아이가 대학을 입학할 때 4,500만
원 마련이 가능하여 추가적으로 5,500만 원을 마련하여야 하고, 둘째
아이의 경우 대학 입학 시점에 8,600만 원의 자금 마련이 가능하므로
약 2,000만 원 정도를 추가적으로 마련하면 된다. 첫째 아이의 경우에
는 7%의 수익률로 4년간 매월 100만 원을 투자하고, 둘째 아이의 경
우에는 매월 16만 원을 추가적으로 투자하면 되겠다.

부족한 노후준비는 변액연금보험으로 마련하라

은퇴 후 월평균 생활비 400만 원(부부가 85세까지 생존, 물가상승률 3%)을
확보하기 위해 60세 시점에 김현준 씨가 준비해야 할 은퇴자금은 약

14억 8,000만 원이다. 이때 국민연금 수령액(7년간 납부하였고 60세까지 최고소득수준으로 납부하는 것을 가정)을 제외할 경우 부족한 은퇴준비금은 약 5억 4,000만 원이다. 60세 시점에 5억 4,000만 원을 마련하기 위해서는 먼저 월 잉여자금 70만 원을 변액연금보험(5%수익률 가정)에 가입하여 15년 후 1억 9,000만 원을 마련한다. 그리고 은행예금 1억 3,000만 원을 연 7% 수익률로 운용(ELS, 비과세 해외채권, 주식형사채 등)하여 15년 후 3억 6,000만 원을 마련하면 되겠다.

은행예금 8,000만 원과 향후 소득 증가분은 적극적인 자산증식을 도모하여 자녀 결혼 자금 용도로 활용할 수 있다. 두 자녀 모두 28세에 결혼한다고 가정할 경우 두 자녀의 결혼비용은 현재의 결혼비용 5,000만 원을 기준으로 보았을 때 8,200만 원(상승률 3%)이 될 것으로 예상된다. 현재의 8,000만 원을 연 7%의 수익률로 운용할 경우 15년 후 약 2억 2,000만 원이 되어 큰 무리 없이 결혼비용이 마련될 수 있다. CMA자금 5,000만 원은 예비비로 활용하는 것이 좋다.

50대 100세 시대, 제2의 월급을 준비하라

50대의 대부분은 다니던 직장을 떠나야 할 시간이 얼마 남지 않았다. 아직 자녀교육은 끝나지 않았고 일부 자녀의 경우 결혼비용으로 목돈이 들어가기도 한다. 지금까지 투자를 잘 해서 축적된 자금이 많다면 문제가 없겠지만, 대부분의 경우 추가적인 소득창출을 위해 새로운 사업을 준비하는 등 제2의 인생계획을 세우게 된다.

100세(Homo-hundred) 시대가 다가오고 있고, 50대에게도 30~40년 정도의 살아갈 날이 남아 있다. 그러나 준비 없이 맞이하는 노후는 단지 고통스런 삶의 연장일 뿐이다. 50대는 10년 전후로 남아있는 시간을 잘 활용하여 고통스런 노후(silver poor)가 되지 않도록 노후준비를 가장 우선시해야 하며, 자산구조도 부동산에서 연금형 금융자산 중심으로 전환시켜야 한다.

아래에 50대가 자금관리를 할 때 알아두면 도움이 되는 10가지 핵심 포인트를 소개하였으니 반드시 염두에 두도록 하자.

---

❶ 국민연금에 대한 기대치를 낮춰라

국민연금은 최소한의 생활을 위한 생계형 자금에 불과하다. 50대는 국민연금 납입기간이 짧기 때문에 연금수령액은 적을 수밖에 없다. 더욱이 저출산 고령화로 2060년이면 국민연금이 고갈될 것이라는 보고서도 있듯이 보험료를 더 내고 연금을 덜 받는 연금 개혁이 불가피한 실정이다. 따라서 국민연금에 대한 기대치를 낮추고 개인적으로 준비하는 비중을 높여야 한다. 참고로 국민연금 예상수령액은 국민연금관리공단 홈페이지(www.nps.or.kr)에서 확인할 수 있다.

❷ 50여 년 동안 수고한 '나'를 위해 투자해라

자녀 세대로부터의 부양을 기대하기 어려운 상황에서 과도한 자녀교육비 지출은 장기적으로 자녀들의 부담을 가중시킬 수 있다. 지나간 50년의 삶도 중요하지만 앞으로 살아갈 30~40년의 삶이 훨씬 더 중요하다. 그리고 이 시간은 무계획적으로 단순하고 무료하게 보낼 수 있는 기간이 아니다. 자녀가 아니라 약 50여 년 동안 수고한 나를 위한 투자가 필요하다.

❸ 평균수명이 아닌 기대여명에 맞추어 노후준비를 해라

평균수명과 기대여명은 다르다. 현재의 평균수명은 80세 정도

이지만, 현재 50대의 기대여명은 40년에 육박하기 때문에 보다 여유 있게 노후자금을 준비해야 한다.

85세까지 생활할 것으로 예상되는 자금을 준비했는데 85세 이후에도 생존한다면 문제가 발생할 수밖에 없다. 또한 여성의 평균수명이 남성보다 7년 정도 길다는 점을 감안하여 배우자가 혼자 살게 되는 기간을 고려한 노후준비가 필요하다.

❹ **부동산에 집중된 자산구조를 탈피하라**

우리나라의 50대는 전체 자산에서 부동산이 차지하는 비중이 79%에 달한다. 노후준비를 위해 필요한 자금대비 공적연금과 퇴직연금의 비중이 낮은 상황에서 사적으로 은퇴자금을 준비해야 함에도 불구하고, 환금성이 떨어지는 부동산 비중이 과도하게 높다.

그러므로 부동산에서 금융자산으로의 자산배분 변화와 함께 금융자산의 세부 상품별 비중조절을 통해 자산구조를 변화시킬 필요가 있다.

❺ **안전자산에 안주하지 말고 수익성을 높여라**

물가상승률을 반영한 실질금리가 제로 부근에 있기 때문에 절대적으로 안정성만을 강조할 수 없는 상황이다. 안정성을 고려하되 자금의 성격에 따라 투자방식을 달리하도록 하여 수익성을 높이도록 해야 한다. 단기간 내 사용할 자금이라면 CMA통장이나 단기 정기예금에 넣어두고, 3년 이상 투자가 가능한 자금이라면 ELS나 우량회사채, 해외채권에 대한 투자를 적극적으로 검토해야 한다.

❻ 부부가 함께 은퇴를 준비하고 주기적으로 점검하라

50대라면 은퇴 자금은 얼마나 필요하고 현재 준비된 자금은 얼마나 되는지 등등 본인의 노후에 대해 한번쯤 생각해 보았을 것이다. 50대는 실패를 되돌리기에는 시간적 여유가 부족하다. 부부가 함께 충분히 현재의 상황을 이해하고 공유할 필요가 있다. 부부의 자산 전체를 명확하게 파악하고, 때로는 전문가의 도움을 받아 매년 정기적으로 자산상태 및 개인 신상의 변화를 고려하여 적절한 자산상태를 유지하도록 하여야 한다.

❼ "아무리 놀아도 시간이 남는다."

필자가 책을 읽다가 본 어느 노인의 말이다. 은퇴 이후의 삶은 생각보다 길다. 부족한 생활자금을 마련하기 위해 생계형 직업을 가져야 하는 경우도 있지만, 은퇴 이후에 맞이하게 될 시간을 그 동안 본인이 하고 싶었지만 못한 일을 하며 보낼 수도 있고, 또는 남을 위해 봉사하며 보낼 수도 있다. 50대가 바로 이런 것들을 준비할 수 있는 마지막 시기라고 할 수 있다. 필자가 아는 60대의 한 PGA프로는 초등학교에서 무료에 가까운 돈을 받고 어린 학생들에게 골프를 가르치면서 여생을 보내고 있다.

❽ 상속과 증여도 체계적으로 수행하라

자산규모가 크고 경제적으로 충분히 여유가 있는 50대라면, 자산증식과 함께 자산이전에도 관심이 많을 것이다. 자산이전 과정에서 절세를 극대화하기 위해서 장기에 걸쳐 증여를 하도록 하고 갑작스런 상속에 대비한 상속세 납부자금을 상속형 개인연금을 통해 미리미리 준비하도록 한다.

❾ 절세상품을 최대한 활용하라

50대는 주된 소득원이 급여소득에서 자산소득으로 넘어가는 시기다. 기존에 축적된 자산을 효율적으로 운용하기 위해서는 세제혜택(소득공제, 세금우대 등) 금융상품을 최대한 활용하고 수익률은 항상 세전수익률이 아닌 세후수익률로 판단하도록 한다.

❿ 경제신문 하나 정도는 구독하라

사회경제 및 금융환경의 변화에 적절하게 대응하기 위해서는 경제의 흐름 및 패러다임의 변화를 잘 읽어야 한다. 30~40년에 달하는 노후를 한두 가지의 금융상품으로 완벽하게 준비하기는 어렵다. 최소 1개의 경제신문을 꾸준히 구독하는 것도 좋은 방법이다.

사례 1 은퇴를 앞둔 50대 베이비부머 직장인

대기업의 간부로 있는 성이만 씨(2011년 현재, 51세)는 부인과 2명의 대학생 자녀를 두고 있다. 세후 급여는 900만 원이며 큰 문제가 없다면 55세까지는 직장생활을 할 수 있을 것으로 예상된다. 서울에 10억 원 정도의 아파트를 보유하고 있고 8,000만 원 정도의 금융자산이 있다. 아직 대학생인 자녀의 교육과 결혼비용도 문제지만, 4년 후로 다가온 정년퇴직만 생각하면 마음 한구석이 답답하다. 노후준비의 중요성은 알고 있는데 딱히 노후준비를 하지 못해서 이래저래 고민이 많은 것이다. 퇴직금은 주택을 마련하면서 중간정산을 받아 4년 후 퇴직 시

약 1억 원 정도가 예상되고, 60세 이후에는 월평균 250만 원 정도의 생활비를 확보하고 싶다.

성이만 씨는 현재 부동산으로 46평 아파트(10억 원, 담보대출 2억 원)가 있으며, 금융자산으로는 CMA 3,000만 원, 펀드 5,000만 원이 있어서 순자산은 8억 8,000만 원이 된다.

인생 후반기의 보릿고개를 준비하라

성이만 씨는 부동산 중심의 자산구조와 약간의 금융자산 그리고 노후준비 부족이라는, 우리나라 베이비부머의 전형적인 모습을 보이고 있다. 성이만 씨의 고민은 크게 2가지로, 자녀의 결혼비용과 노후준비다.

성이만 씨의 경우 55세에 정년퇴직을 하게 되면 국민연금을 수령하게 되는 만 63세까지 약 8년간 소득 단절상태에 놓이게 된다. 필자는 이 기간을 '인생 후반기의 보릿고개' 라고 부른다. 불가피한 지출이 계속되는 반면 소득이 급격하게 줄어들기 때문이다. 성이만 씨의 경우 이 시기를 슬기롭게 넘기기 위해서는 정년퇴직 후 소득활동을 하기 위해 지금부터 준비해야 한다. 소득활동 유무에 따라 필요자금이 변하겠지만 소득활동이 어렵다면 기존의 자금을 활용하여 생활자금을 마련해야 한다. 우선적으로 퇴직금(1억 원)을 일시납 즉시연금이나 월지급식 채권플랜, 월지급식 ELS 등 연금형 상품에 가입하여 매월 30~70만 원 정도의 유동성을 확보하도록 한다.

또한 현재의 아파트는 부부가 거주하기에는 너무 크고 수익창출이 어렵기 때문에 시간을 두고 현재의 아파트를 처분하여 대출금을 상환하고 남은 8억 원으로 30평대의 주거용 아파트(5억 원)를 매수하고, 나머지 3억 원의 자금은 소형임대부동산(2억 원)과 연금형 금융자산(1억 원)으로 전환시키도록 한다. 이렇게 할 경우 성이만 씨는 55세 이후 63세까지는 퇴직금(퇴직연금, 50만 원)과 임대부동산(100만 원) 및 연금형 금융자산(50만 원)을 통해 매월 200만 원 정도의 생활비를 확보할 수 있다. 체력적으로 무리가 가지 않는 선에서 추가적인 소득창출이 더해진다면 생활에 크게 무리가 가지 않을 것이다. 마지막으로 앞으로 정년퇴직까지 남은 4년 동안 기존의 8,000만 원과 신규투자를 통해 은퇴자산을 추가적으로 확보할 수 있다.

사례 2 자녀가 어린 50대 퇴직자의 교육비, 생활비 마련 전략

54세의 김정훈 씨는 홀로되신 어머니(82세)와 부인(49세), 딸(15세), 아들(13세)을 두고 있다. 늦은 나이에 결혼하여 자녀들의 나이가 어린 편이다. 1990년대 후반 아시아 외환위기 직후 상대적으로 낮은 가격에 매수하여 32평(6억 원)아파트를 보유하고 있고, 부동산 중개업에 종사하면서 월 200만 원 정도의 수입을 올리고 있다. 부인 또한 대형마트 파트타이머로 일하면서 매월 150만 원 정도의 급여를 받고 있다.

3년 전 직장을 명예퇴직하면서 받은 퇴직금(위로금 포함 4억 원, 현재 기준)이 있으나 나이 어린 자녀들 교육과 은퇴생활에 대한 고민이 많다. 자녀들을 대학까지 교육시키며 월 200만 원 정도의 생활비를 마련하고 싶고, 2년 전 부동산 중개사 자격증을 취득하고 1년 전부터 1

억 원을 투자하여 부동산 중개업을 영위하고 있으나 부동산 경기 침체로 기대보다 수익이 적어 고민 중이다.

현재 자산상태는 32평 아파트 6억 원, 부동산 중개사무소 상가보증금 1억 원, 은행예금 1억 원, CMA 1억 원이다. 최근에는 정기예금과 CMA에 예치된 2억 원으로 직접 주식에 투자하는 것도 생각해 보았다.

기존 자산을 리모델링하여 교육비와 생활비를 마련하자

대표적인 베이비부머 중 한 명인 김정훈 씨는 자녀들의 나이가 어려 앞으로도 10년 정도 자녀교육비 부담이 계속되는 상황이다. 본인의 노후도 중요하지만 자녀들을 가르치면서 노후를 준비하려니 부담이 적지 않고, 현재의 부부합산 소득 350만 원으로는 5인 가족의 생활비를 겨우 맞추고 있는 상황이다.

나이 어린 자녀와 안정적인 수입원이 없는 불안감에 공격적인 주식투자를 생각하고 있지만, 실패할 경우 맞이하게 될 상황에 대한 고려가 반드시 필요하다. 그리고 김정훈 씨의 경우 다른 사람들보다 몇 년 앞서 직장을 나오긴 했지만 퇴직위로금 등으로 자산규모는 적지 않은 편이다. 바쁜 마음에 직접 주식투자를 하기보다는 기존 자산을 리모델링하여 자녀교육과 노후준비라는 두 마리 토끼를 잡을 방안을 찾아보자.

일단 현재의 부동산 중개업은 적자가 나지 않고 월평균 200만 원 정도의 수입을 올리는 수준이라면 유지하는 것이 좋겠다. 새로운 사업을 시작하기도 쉽지 않고 은퇴자가 월 200만 원 정도의 수입을 얻을 수 있는 일자리를 찾기도 쉽지 않기 때문이다. 혹시 적자라면 몰라도 현 상황에서는 유지하는 것이 좋다는 판단이다.

딸(15세)과 아들(13세)의 자녀교육비는 고등학교까지는 현재의 소득수준에서 충당하는 것으로 보고 대학등록금을 준비하도록 하자. 딸의 경우 4년 후 대학에 입학하게 되고 아들의 경우 6년 후 대학에 입학하게 된다. 사립대학의 연간 평균 등록금(860만 원)의 평균 인상률을 4%로 가정할 경우 두 자녀의 대학등록금 규모는 각각 4,300만 원과 4,600만 원이다. CMA에 예치된 자금 중 6,000만 원을 3,000만 원씩 2개의 계좌로 세후 기대수익률 7%의 지수형 ELS(원금보장형 또는 비보장형)에 투자할 경우 두 자녀의 대학등록금을 준비할 수 있다.

김정훈 씨의 경우 퇴직금(퇴직연금)이 없고, 따로 준비한 연금저축이나 개인연금이 전혀 없다. 매월 소득 350만 원을 생활비와 자녀교육비로 충당하고 있어서다. 다만, 약 20년간 국민연금 보험료를 납부하여 약 60만 원 정도 국민연금을 수령할 것으로 기대된다. 자녀교육비 마련을 위해 따로 떼어둔 6,000만 원을 제외한 은행예금 1억 원과 CMA 4,000만 원 중 CMA 1,000만 원은 예비비로 남겨두고 1억 3,000만 원을 노후준비자금으로 활용할 수 있다.

현재의 부동산 중개업을 김정훈 씨가 국민연금을 수령할 수 있는 63세까지 수행한다고 할 경우 현재의 소득으로 생활자금을 충당하고 63세 이후에는 김정훈 씨가 월 생활비 200만 원 중 국민연금 70만 원을 차감한 후 부족자금 130만 원을 충당하기 위해서는, 현재의 1억 3,000만 원을 매월 7%의 수익률로 증식시켜야 한다. 그러면 63세 시점에 약 2억 4,000만 원이 된다. 이 자금과 부동산 중개사무소의 보증금을 즉시연금에 가입하거나 여타 연금형 상품을 통해 부족자금을 마련하면 되겠다. 1억 4,000만 원으로 즉시연금 가입 시 매월 약 70만 원 내외의 생활자금을 마련할 수 있고, 1억 원은 회사채 채권플랜이나 해외채권투자신탁, 월지급식 ELS를 활용할 경우 매월 40~100만 원 수준의 생활자금을 마련할 수 있다.

자녀교육비의 추가지출이나 영위하고 있는 부동산 중개업의 업황 부진으로 노후자금이 부족할 경우, 최후의 보루로 주거용 부동산을 담보로 주택연금을 받아 부족한 노후자금을 충당할 수 있겠다. 지금 급한 마음에 공격적인 주식 직접투자를 택하기보다는 보유자산 내에서 안정적인 생활비 조달 방안을 검토하기를 권한다.

60대 연금형 상품으로 매월 유동성을 확보하라

은퇴하면 떠오르는 것이 무엇이냐는 질문에 우리나라 국민들은 전 세계 주요국 17개 국가 중에서 가장 높은 비율(55%)로 '경제적 어려움'이라고 답했다. 60대에 본격적으로 맞이하는 노후준비에 대한 불안감이 그만큼 크다는 말이다.

60대는 정기적인 소득이 감소하면서 지출할 생활비를 현금으로 확보해야 하는 시기다. 이미 노후가 시작되었기 때문에 새롭게 준비할 시간이 없다고 한탄할 것이 아니라 보유자산을 최대한 효율적으로 활용하여 유동성 측면에서 안정적인 노후생활 여건을 마련하는 것이 중요하다. 기존의 금융자산을 활용하거나 보유하고 있는 부동산을 연금화시키는 등 자산관리 전문가의 도움을 받아 자녀 세대의 부담을 최소화하면서 매월 유동성을 확보해야 한다.

아래에 60대가 자금관리를 할 때 알아두면 도움이 되는 10가지 핵심 포인트를 소개하였으니 반드시 염두에 두도록 하자.

60대가 알아야 할 핵심 포인트

❶ 연금형 상품을 통해 생활비(생활자금)를 마련하라

젊었을 때부터 연금저축이나 개인연금을 준비하고 퇴직연금을 유지하고 있다면 국민연금과 더불어 매월 필요한 생활비의 상당 부분을 마련할 수 있을 것이다. 그렇지 않다면 목돈을 활용하여 매월 현금을 수령할 수 있는 즉시연금이나 월지급식 채권 플랜, 월지급식 ELS, 월지급식 펀드 등을 활용하도록 한다.

❷ 주택과 농지도 연금화가 가능하다

금융자산을 통한 생활비 마련이 부족하고 주거용 부동산과 농지 이외에 다른 자산이 없을 경우 주택이나 농지의 연금화가 가능하다. 주택이나 농지의 경우 일정 조건을 만족할 경우 주택연금(농지연금) 제도를 통해 집에 그대로 거주하면서(경작하면서) 연금을 수령할 수 있고, 종신 정액형 또는 증액형으로도 선택할 수 있다.

❸ 금융자산과 부동산을 적절하게 배분해라

우리나라 60대 이상 가계의 자산 중 부동산 비중은 86%에 달한다. 부동산의 경우 환금성이 떨어지기 때문에 매월 생활비가 필요한 60대의 경우 환금성이 떨어지는 일부 부동산을 연금화 자산으로 교체해야 한다.

❹ **절세상품을 최대한 활용하라**

기존의 자산을 활용하여 생활비를 마련해야 하는 60대의 경우
3000만 원까지 생계형 비과세가 적용되는 등 세제혜택을 최대한
활용하도록 하자. 이 밖에도 세금우대종합저축을 활용할 수 있
고, 저율과세가 적용되는 세금우대 예탁금을 활용할 수도 있다.

❺ **홀로 남는 배우자를 배려하자**

남녀 간의 평균수명 차이는 7년 정도다. 남자와 여자의 평균결
혼연령이 32세와 28세인 점을 감안하면 배우자(여)는 평균적으
로 남편의 사망 후 11년이란 기간을 홀로 보내게 된다. 홀로 남
는 배우자가 경제적 어려움 없이 생활할 수 있도록 배우자를 고
려한 노후준비가 필요하다. 부인 명의의 연금보험에 가입하거
나 부인 명의의 자산을 확보하여 홀로 보내는 여생에 경제적 어
려움을 덜어주어야 되겠다.

❻ **자산관리 전문가를 곁에 두어라**

경제환경이 급변하고 금융상품이 다양해지면서 직접 자산을 관
리하는 것이 점점 어려워지고 있다. 60대라면 시대변화에 더욱
둔감해질 수밖에 없다. 복수의 자산관리 전문가를 곁에 두고 수
시로 상담과 조언을 받게 된다면 훨씬 수월하게 자산을 관리할
수 있을 것이다.

❼ **가족 간 유대관계 및 원만한 인간관계를 유지해라**

부모와 자녀 2세대로 구성된 전통 핵가족이 감소하는 반면 부부
1세대로 구성된 가족이 증가하고 있다. 1세대로 구성된 '신흥
핵가족'이 보편화되고 있고, 자식들의 부모 부양의지도 낮아지

고 있는 상황이다. 그러나 행복한 노후를 위해서는 가족 구성원 및 주변 사람들과의 친밀한 유대관계를 유지하는 것이 중요하다. 72년간의 실증분석을 토대로 만들어진 조지 베일런트(George E. Vaillant)의 《행복의 조건(Aging Well)》이라는 책에서도 인적 네트워크를 7가지 중요한 행복의 조건 중 하나로 꼽았다.

❽ 정신적 · 육체적 건강을 위해 일이나 취미생활을 찾아라

은퇴 이후 정기적으로 할 수 있는 일이나 취미를 갖는 것이 중요하다. 체력적으로 부담이 되지 않는다면 경제적으로 가계에 보탬이 될 수도 있는 일거리나 취미생활을 찾아보자. 규칙적인 생활로 신체리듬을 유지할 수 있으며, 적당한 긴장감과 성취감을 통해 삶의 즐거움을 찾을 수 있다.

❾ 필요한 만큼 남기고 잘 물려주자

60대가 되면 자산증식과 함께 자녀 세대에게 부의 이전을 준비해야 할 때다. 보유자산의 규모와 관계없이 증여와 상속은 체계적으로 계획하고 준비하는 것이 중요하다. 필요한 만큼 남기고 여유가 있다면 물려주는 것도 중요하다. 미리 준비해야 사후 가족 간의 분쟁을 미연에 방지할 수 있고 예기치 않은 세금폭탄을 피할 수도 있다. 이 과정은 자산관리 전문가 및 세제 전문가의 도움이 반드시 필요한 부분이다.

❿ 나만의 '버킷리스트(Bucket list)'를 만들어보자

필자는 잭 니콜슨과 모건 프리먼 주연의 〈버킷리스트(Bucket list)〉란 영화를 보고 깊은 감명을 받았다. 죽기 전에 꼭 하고 싶은 것들이란 뜻의 버킷리스트는 모든 연령대를 떠나 꼭 한 번 생각해봐야 할 주제라고 생각한다. 버킷리스트에는 모범답안도 정답도 없다. 개인적으로 꼭 해보고 싶은 것들은 정리하고 하나씩 실행에 옮겨보기 바란다.

사례 1 부동산 자산이 많은 자산가

62세의 황인서 씨는 세 자녀 중 이미 출가한 장녀와 첫째 아들에 이어, 작년에 막내 아들을 결혼시킨 후 부인과 단둘이 살고 있다. 건강에는 큰 문제가 없으나 특별한 경제활동은 하지 않고 아파트 월세와 모아둔 금융자산을 활용하면서 생활비를 충당하고 있다. 전체적으로 자산은 많으나 월세만으로는 생활비가 좀 부족하고 원금을 까먹는다는 생각에 마음이 불편하여 거래하는 금융기관의 웰스 매니저(WM, Wealth Manager)를 통해 자산관리 상담을 받고자 한다.

황인서 씨는 부동산으로 아파트 3채(17억 원)를 보유하고 있다. 7억 원 아파트는 거주용이고 5억 원 아파트 2채는 각각 전월세용으로써, 아파트당 전세보증금은 1억 원이고 월세는 70만 원이다. 부동산 외에 금융자산으로 정기예금 2억 원(전세보증금 예치), 주식직접투자 2억 원, CMA 1억 원이 있다.

현재 고정적인 수입은 월세 140만 원이고 월평균 생활비는 300만 원 이상 소요되고 있어 부족할 때마다 CMA통장에서 인출하여 쓰고 있다.

황인서 씨의 경우 자녀가 모두 결혼하였기 때문에 모든 관심은 두 부부가 건강하게 오래 사는 것이다. 그러나 현재의 자산구조로는 안정적인 생활비 마련이 쉽지 않다. 매월 생활비를 200만 원 이내로 조절하기도 쉽지 않다. 가장 큰 문제는 우리나라 60대의 자산구조가 그러하듯이 부동산에 집중된 것이다. 먼저 과도한 부동산 비중을 조정할 필요가 있다. 부동산 가격이 크게 상승할 것으로 예상하기 어려운 반면, 부동산 유지비용(재산세)은 부담이 되고 있다. 그러므로 현재 거주하고 있는 아파트를 제외 두 채의 아파트를 처분하여 조성된 자금으로 즉시연금에 가입할 것을 권한다.

10억 원을 즉시연금에 가입할 경우 매월 300만 원 이상의 연금을 종신토록 받을 수 있기 때문에 현재의 생활비를 충분히 충당하면서 여유로운 노후를 즐길 수 있다. 즉시연금의 경우 비과세로 금융자산 확대에 따른 금융소득 종합과세를 피할 수 있을 뿐만 아니라 상속형으로 가입하여 절세효과를 얻을 수도 있다.

주식직접투자금 2억 원은 황인서 씨의 성향이 반영된 것으로 지속적으로 경제에 관심을 갖게 된다는 점에서도 긍정적으로 볼 수 있다. 다만, CMA 1억 원을 제외한 자금 2억 원을 전액 직접 투자하기보다는 1억 원을 직접 투자하고 1억 원은 지수형 ELS나 주식형 채권 등에 투자하여 안정성을 높일 것을 권한다.

사례 2 은퇴자의 생활비 마련

경기도 분당에 거주하는 고요한 씨(65세)는 10년 전에 정년퇴직을 했다. 28년의 직장생활 동안 모은 돈으로 아파트 한 채(6억 원, 38평)를 마련했으며 금융자산은 2억 원가량 된다. 현재는 1억 5,000만 원을 은행 정기예금에 넣어두고 있으며, 5,000만 원은 CMA에 넣어두고 있다. 매월 250만 원 정도의 생활비가 필요한데 현재 매월 유입되는 소득은 국민연금 70만 원과 이자수익 90만 원으로 생활비가 부족하여 CMA 통장에서 인출하여 쓰고 있다. 갈수록 원금이 줄어들고 있기 때문에 원금손실 없이 안정적으로 생활비를 마련하고 싶어 한다.

은퇴자는 세제혜택을 활용한다

60세가 넘는 고령층에게는 비과세 혜택이 확대 적용된다. 60세 이상 고령층이 생계형 저축에 가입하게 되면 최대 3,000만 원까지 비과세 혜택을 준다. 또 세금우대저축에 가입하면 3,000만 원까지는 세금우대가 적용되어 15.4%가 아닌 9.5%의 세금만 부과된다.

채권의 안정성과 주식의 수익성이 겸비된 ELS투자를 추천한다. 일부 자금은 원금보장형으로 원금손실 가능성을 원천봉쇄하고, 일부 자금은 원금손실 가능성이 낮은 지수형[ELS예, 2011년 11월 21일 설정된 동양증권의 MYSTAR ELS 1909호(KOSPI200+S&P500) 14.22%, KI Barrier 40 KOSPI200과 S&P500지수가 기준지수대비 60% 이상 하락하는 경우에만 원금손실 발생 가능]에 투자하여 수익성을 높이도록 한다.

변경된 자산구조에서는 국민연금 70만 원을 포함하여 매달 250만 원 내외의 생활자금 마련이 가능해진다. 월지급식 ELS의 경우 5개월에 걸쳐 5개 정도의 ELS에 분산투자할 경우 원금 손실 위험은 더욱더 낮아질 것이다.

20대, 이것만은 기억하자!
1순위 결혼비용 – 적립식 펀드, ELS
2순위 주택마련 – 주택청약종합저축, 국민주택기금 활용
3순위 FQ(Financial Quotient; 금융지능지수) 높이기

30대, 이것만은 기억하자!
1순위 자녀양육 – 적립식 투자, 사전증여신탁
2순위 주택마련 – 주택청약종합저축, 국민주택기금 활용
3순위 노후준비 – 연금저축, 퇴직연금, 개인연금

40대, 이것만은 기억하자!
1순위 노후준비 – 연금저축, 퇴직연금, 개인연금
2순위 자녀교육 – 적립식 펀드, 사전증여신탁
3순위 자산증식 – ELS, 주식형 채권, 주식(주식형펀드) 투자, 헤지펀드 등

50대, 이것만은 기억하자!
1순위 노후준비 – 개인연금, 월지급식 금융상품 가입
2순위 여유자금 – ELS, 주식형 채권, 주식(주식형 펀드) 투자, 헤지펀드 등
3순위 상속증여 – 즉시연금보험(상속형), 사전증여신탁 등

60대, 이것만은 기억하자!
1순위 생활자금 – 연금형 금융상품 가입
(즉시연금, 채권/펀드/ELS, 주택연금/농지연금)
2순위 여유자금 – ELS(원금보장형), 채권, 주식형 채권 투자
3순위 상속증여 – 효율적인 상속증여 전략

연령대별 중점 금융상품

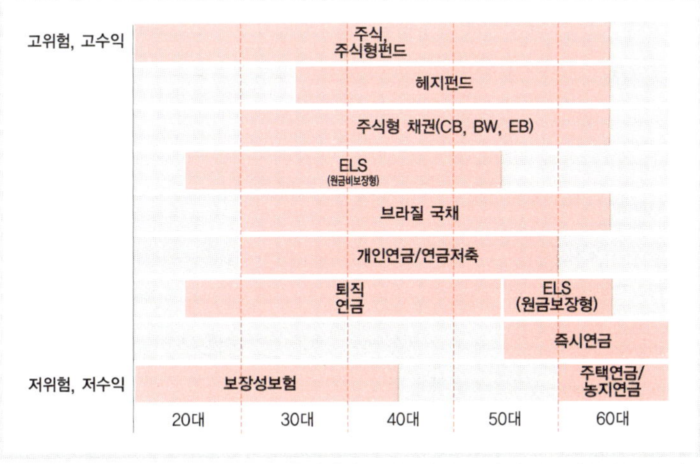

나의 투자성향 파악하기

금융투자협회에서는 투자자의 자산 규모와 위험에 대한 태도 등을 기초로 하여 투자자의 성향을 구분하고 있다. '일반 투자자 투자정보 확인서' 질문의 답변에 따른 점수를 계산하면 본인의 위험 성향에 대해서 가늠해볼 수 있다. 위험 성향에 따라서 투자 가능한 금융상품이 제시가 되므로 투자 시에는 이를 반드시 참고하여야 한다.

분　　류		질문항목	배점
연　령	고객님의 연령대는 어떻게 되십니까?	☐ 만 20세 미만(미성년자)	1
		☐ 만 20세 이상~만 25세 미만	3
		☐ 만 25세 이상~만 60세 미만	5
		☐ 만 60세 이상~만 65세 미만	4
		☐ 만 65세 이상	2
투자목적	고객님의 투자목적을 가장 잘 설명하는 것은 무엇입니까?	☐ 적극적 매매를 통한 수익을 원하며 원금을 초과하는 손실위험도 감내 가능	20
		☐ 적극적 매매를 통한 수익 실현 목적	16
		☐ 시장(예: 주가지수) 가격 변동 추이와 비슷한 수준의 수익 실현	12
		☐ 채권이자 · 주식배당 정도의 수익 실현 목적	8
		☐ 기존 보유자산에 대한 위험 헤지 목적	4
		※ 기대수익이 높을수록 손실위험도 커짐	
재산상황	고객님의 월소득 현황은 어느 정보입니까?	☐ 100만 원 미만	2
		☐ 100만 원 이상~300만 원 미만	4
		☐ 300만 원 이상~600만 원 미만	6
		☐ 600만 원 이상~1,000만 원 미만	8
		☐ 1,000만 원 이상	10
	고객님의 총 자산(부동산 등을 포함) 대비 금융자산 비중은 어느 정도 차지합니까?	☐ 10% 미만	2
		☐ 10% 이상~20% 미만	4
		☐ 20% 이상~30% 미만	6
		☐ 30% 이상~40% 미만	8
		☐ 40% 이상	10
금　융 투자상품 지식수준	고객님의 금융투자상품에 대한 지식수준 및 이해도는 어느 정도라고 생각하십니까?	☐ 널리 알려진 금융투자상품(주식, 채권 및 펀드 등)의 구조 및 위험을 거의 이해하지 못함	0
		☐ 널리 알려진 금융투자상품(주식, 채권 및 펀드 등)의 구조 및 위험을 일정 부분 이해하고 있음	4
		☐ 널리 알려진 금융투자상품(주식, 채권 및 펀드 등)의 구조 및 위험을 깊이 있게 이해하고 있음	7
		☐ 파생상품을 포함한 대부분의 금융투자상품의 구조 및 위험을 이해하고 있음	10
투자경험	고객님께서 투자한 경험이 있는 금융투자상품 중 위험도가 가장 높은 상품은 어느 것입니까?	☐ 금융투자상품에 대한 투자경험이 없음	0
		☐ 국채, 통안채, 지방채, 보증채, 특수채, MMF, 환매조건부채권(RP) 등	4
		☐ 채권형 펀드, 금융채, 신용도가 높은 회사채 또는 기업어음(CP), 원금보장형 ELS 등	8
		☐ 혼합형 펀드, 신용도 중간 등급의 회사채 또는 기업어음(CP), 원금의 일부만 보장되는 ELS 등	12

투자경험		□ 주식, 시장수익률 수준의 수익을 추구하는 주식형 펀드, 투기등급 회사채 또는 기업어음(CP), 원금이 보장되지 않는 ELS 등	16
		□ 선물옵션, 주식 신용거래, 파생상품 펀드, 시장수익률 이상의 수익을 추구하는 주식형 펀드, ELW 등	20
	고객님께서 금융투자상품에 투자한 경험이 있으신 경우 투자경험기간은 어떻게 되십니까?	□ 전혀 없음	1
		□ 1년 미만	2
		□ 1년 이상~2년 미만	3
		□ 2년 이상~3년 미만	4
		□ 3년 이상	5
감내가능 손실수준 (투자위험 감수능력)	고객님께서 감내할 수 있는 손실수준은 어느 정도 입니까?	□ 무슨 일이 있어도 투자원금은 보전되어야 함	0
		□ 투자원금에서 최소한의 손실만을 감수할 수 있음	4
		□ 투자원금 중 일부의 손실을 감수할 수 있음	7
		□ 기대수익이 높다면 위험이 높아도 상관하지 않음	10
투 자 예정기간	고객님께서 현재 투자하고자 하는 자산의 투자예정기간은 얼마입니까?	□ 1년 미만	2
		□ 1년 이상~3년 미만	5
		□ 3년 이상	10
고객님께서 파생상품(선물옵션), 파생결합증권 (ELS, DLS, ELW 등) 또는 파생상품펀드, 파생결합증권(50%초과편입)펀드 등에 투자한 경험이 있으신 경우 투자경험기간은 어떻게 되십니까?		□ 경험 없음~1년 미만	
		□ 1년 이상~3년 미만	
		□ 3년 이상	

※금융투자협회의 일반투자자 투자정보확인서를 바탕으로 한 동양증권의 배점 기준

위험선호도에 따른 투자성향 분류

❶ 안정추구형(20점~40점)

투자원금의 손실위험은 최소화하고, 이자소득이나 배당소득 수준의 안정적인 투자를 목표로 함. 다만 수익을 위해 단기적인 손실을 수용할 수 있으며, 예적금보다 높은 수익을 위해 자산 중 일부를 변동성 높은 상품에 투자할 의향이 있음

❷ 위험중립형(40점~60점)

투자에는 그에 상응하는 투자위험이 있음을 충분히 인식하고 있

으며, 예적금보다 높은 수익을 기대할 수 있다면 일정수준의 손실 위험을 감수할 수 있음

❸ 적극투자형(60점~80점)

투자원금의 보전보다는 위험을 감내하더라도 높은 수준의 투자수익 실현을 추구함. 투자자금의 상당 부분을 주식, 주식형 펀드 또는 파생상품 등의 위험자산에 투자할 의향이 있음

❹ 공격투자형(80점 초과)

시장평균 수익률을 훨씬 넘어서는 높은 수준의 투자 수익을 추구하며, 이를 위해 자산가치의 변동에 따른 손실 위험을 적극 수용. 투자자금 대부분을 주식, 주식형 펀드 또는 파생상품 등의 위험자산에 투자할 의향이 있음

금융투자상품별 투자위험도 분류 기준

구　분		초고위험 (Speculative Risk)	고위험 (High risk)	중위험 (Intermediate Risk)	저위험 (Low Risk)	초저위험 (Ultra Low Risk)
채　　권		투기등급 포함(BB 이하)		회사채 (BBB+~BBB−)	금융채 회사채 (A−이상)	국고채 통안채 지방채 보증채 특수채
파생 결합	(ELS, DLS)	원금비보장형		원금 부분보장형	원금보장형	
증권	ELW	ELW				
주식		신용거래, 투자경고종목, 투자위험종목, 관리종목	주식			
선물옵션		선물옵션				

※위 기준은 금융투자협회가 금융투자상품별 투자위험도 분류의 기본적인 방향을 제시한 것임.
※집합투자증권의 경우 해당 집합투자증권의 투자설명서에 기재된 투자위험도에 따라 5단계로 분류.

어떻게 돈 걱정 없이 살 것인가

지은이 | 조병준 · 김후정
펴낸이 | 김경태
펴낸곳 | 한국경제신문 한경BP

제1판 1쇄 인쇄 | 2012년 2월 10일
제1판 1쇄 발행 | 2012년 2월 15일

주소 | 서울특별시 중구 중림동 441
기획출판팀 | 3604-553~6
영업마케팅팀 | 3604-595, 555 FAX | 3604-599
홈페이지 | http://www.hankyungbp.com
전자우편 | bp@hankyungbp.com
등록 | 제 2-315(1967. 5. 15)

ISBN 978-89-475-2839-9 03320
값 13,800원

파본이나 잘못된 책은 구입처에서 바꿔 드립니다.